阅读成就思想……

Read to Achieve

流量扶持

MCN 백만공유 콘텐츠의 비밀

一本书读懂MCN

［韩］李恩英（Lee Eun Young）·著
李倩·译

中国人民大学出版社
·北京·

图书在版编目（CIP）数据

流量扶持：一本书读懂MCN /（韩）李恩英著；李倩译. -- 北京：中国人民大学出版社，2023.4
ISBN 978-7-300-31554-6

Ⅰ. ①流… Ⅱ. ①李… ②李… Ⅲ. ①电子商务－通俗读物 Ⅳ. ①F713.36-49

中国国家版本馆CIP数据核字(2023)第052291号

流量扶持：一本书读懂MCN

[韩] 李恩英（Lee Eun Young） 著
李　倩　译

LIULIANG FUCHI : YI BEN SHU DUDONG MCN

出版发行	中国人民大学出版社		
社　　址	北京中关村大街31号	邮政编码	100080
电　　话	010-62511242（总编室）		010-62511770（质管部）
	010-82501766（邮购部）		010-62514148（门市部）
	010-62515195（发行公司）		010-62515275（盗版举报）
网　　址	http://www.crup.com.cn		
经　　销	新华书店		
印　　刷	天津中印联印务有限公司		
规　　格	148mm×210mm　32开本	版　次	2023年4月第1版
印　　张	6.375　插页1	印　次	2023年4月第1次印刷
字　　数	100 000	定　价	59.00元

版权所有　　　侵权必究　　　印装差错　　　负责调换

推荐语

作者曾在 MBC 任职,后又到东亚电视担任时尚丽人专业新闻主持,并曾担任尤金投资证券海外股票系统证券交易员。但鲜有人知的是,身为一名推广专家,她还曾参与过销售云端服务器的工作。也许就是这个原因,和她对话后,你会惊讶于她在 IT 及经济领域的见识和理解深度。现在,她是 SMC TV 新闻类 MCN 节目——《读新闻的女人》的创作者,也是韩国经济电视台《数码丝绸之路》节目的主要主持人。她在新媒体和传统媒体之间自由穿梭,不断思索视频内容创作的未来。新媒体开始于 YouTube,进而发展为一个庞大的网络生态系统。在网络媒体的世界里,如何才能承载新的价值?相信本书能够对有着同样疑问的人起到指导作用。

成相勋　iNews 24 记者

自 2015 年创办 MCN 公司宝藏猎人以来,我经历了大大小小的事。无论是市场对 MCN 的热切关注,还是周围人的关注,都需要我展示出和这种关注程度相称的成果，需要我去承担责任的事情也越来越多。原本只是觉得这份事业是自己喜欢、也能够做好的，并且是对社会有意义的，所以我便全心全意地投入。但即便如此，也并没有想象中那么容易。此刻，我的处境也代表着广大创业者的生活——不知何时就会成为"失信人"。所以，我不知道由我来推介这本讲述 MCN 行业的书是否合适。不过，在我看来，MCN 有着可以分化成所有组织细胞的潜质，它更像尚未分化的"胚胎干细胞"，我相信它一定能够发育成一个无比昌盛的新产业，创造全球媒体行业的新生态系统。尤其值得一提的是，在韩国，本书作者李恩英犹如一颗宝石，是 MCN 行业中最兼具实践经验和理论知识的人。我建议那些希望通过 MCN 这个新领域找到新媒体和内容产业未来的人士，都能读一读这本书。

宋在龙　宝藏猎人公司 CEO

　　MCN、网红、创作者……从这些陌生的词语里，我们能切实感受到世界的变化。大企业、电视台、门户网站争先恐后地抢占 MCN 商机，在这种时刻，李恩英以生动活泼的感性认知展现了其中的秘密。身处新媒体时代，越早一步获知世界的变化，就越能让生活更丰富一些。本书用简单易懂的方式讲述了多彩的线上世界是如何在人们的生活中华丽登场并蓬勃发展的。作者通过其在广播公司、证券公司等多个领域积累的实践经验，以及对人文学、自然科学等内容的阅读积累，打造出的这本书，将带大家了解以个人为中心的21世纪的新媒体的发展方向。

南康旭　M&A 咨询公司 ACPC 副社长

要说这几年韩国视频行业的热门话题，当属 MCN 了。视频行业中似乎形成了 MCN 和原创内容创作者双分天下的格局。但市场瞬息万变，MCN 已变成一个模糊的概念。更进一步来说，传统广播电视、电影、数码内容创作之间的分界线也日渐模糊。在这样的情况下，作者在急速的变革漩涡中乘风破浪，在众多获得市场青睐的当红新媒体公司中脱颖而出。本书的面世是 MCN 的一次在途盘点，将会给那些希望了解 MCN 商机的人带来极大的帮助。

成志焕　72 秒公司 CEO

在作者的直播中，我们不时能看到她的调皮和幽默，而这本书却让我们发现了她拥有如此深刻的洞察力。说起 MCN，多少会让人觉得有些陌生，而本书正是对这一领域的通俗讲解。作者通过 Facebook 直播，在实践中向我们展示了 MCN 是以什么形式向我们靠近的以及我们应如何加以运用，从而让本书更具现场感，让读者如身临其境。本书让我们不仅可以轻松地了解 MCN，还可以了解MCN是如何影响其他商业领域的。尤其是作为一个长期浸淫在电子商务领域的人，本书能够带给我新媒体与商业结合方面的诸多智慧，我对作者的感激之情溢于言表。

金永德　乐天加速器中心主任，Gmarket 联合创始人

MCN、网红可以说象征了非主流（B级）内容制作者的奋袂而起。在韩国，这个现象以 Afreeca TV 出身的主播为代表。初创期，他们在互联网上以吃播、游戏、美妆或搞笑的形式输出，但难以在内容和质量上达成双保障，仅仅停留在 10~30 岁之间受众的消费上，浮上水面也不过是近几年的事。但他们的影响力比起过去已变得不可同日而语。他们超越了电脑端、移动端、电视的界限，吸引了大量粉丝。有人流量的地方就有生意。最初只是体现在病毒式广告和横幅广告上，现在电子商务领域也开始需要他们的内容。这其中的先驱便是中国。京东商城、阿里巴巴集团旗下的淘宝、天猫商城使他们的内容得以走向商业化。而从十多年前就打造起互联网直播生态的韩国却没能再进一步发展，原因何在？让我们从活跃在MCN最前线的 SMC TV 副社长李恩英的亲身经历和洞察力中窥见一斑吧。

刘在石　ICB 总制片

如同光速般飞速发展变化的媒体终于快要把广告主变成媒体专家了。一个看不懂媒体变化的广告负责人，在当下的局势里会受到广告代理公司的轻视，因为他逃不掉"要把公司的广告费撒到哪里去"的指责。对广告主来说，本书就如同在媒体巨变之龙卷风的中心，给出了风眼处的那片晴朗天空。而对于可称为内容媒体先行者的MCN，却没有一本足以配得上这巨量信息和知识的书出现。本书作者投身于MCN的最前线，把自己沉浸式体验到的内容媒体的力量毫无保留地展现了出来，广告主们沿着这条路去走即可，就像格蕾特和韩赛尔的引路面包屑。这条路尽头，也许会让你拍案叫绝。这其中有长久以来所积累的信息、媒体领域经验和洞察力，更重要的是那份对事物热切的期盼驱使着作者打造完成这本书。

我们生活在一个MCN居于内容媒体主流的时代，或许因此，向大家推荐这本最有"MCN气质"的作者的书就是一件理所当然的事情了。

黄洪锡　KCC信息组部长，LG电子品牌通讯组前部长

不论什么技术或是兴趣，只要是有人聚集的领域就会出现所谓的"圣经"。我并不认为这是对于率先挺身而出者赋予权威性的一种称呼，而是为后来人提供的一份贴心的路标。在这一点上，

SMC TV 副社长李恩英可说是为 MCN 这条路建立了一个明确的路标。当下，MCN 已经不是特定人群独享的世界了。只要手中有智能手机，普通人也能够成为了不起的主播。在如此这般富有个性的人在一起交织、调和、发展的空间中，李恩英通过这本书贴心地为他们做了引导。正如亚伯拉罕·林肯曾说的：" 没有人会在平坦笔直的大道上迷路。" 能够遇到这样一本书，在 MCN 世界中温暖地握着我的手，使我不至于迷路，我心中甚是喜悦。

徐庆钟　Kongdoo 公司主管

向他人推荐专业领域的图书并不是一件容易的事，更何况还是一个新兴行业，MCN 就是这样的。但这本书将宋在龙成立宝藏猎人时遇到的难题一目了然地整理了出来。不仅如此，这本书尖锐地提出了韩国国内 MCN 急需解决的问题，意义深远。非常建议那些努力开拓 MCN 市场的人士读一读这本书。

金永道　Union 投资合伙人，宝藏猎人前副总裁

初见李恩英，她带给我这样一个话题：MCN 在传统媒体中扮演着怎样的角色。话题本身充满了新鲜感，而我们的谈话也持续了一小时左右。在我所认识的人中，她是对媒体的理解相当深入的人之一。身边的媒体人，大多高度依赖自身经验，不把学习和进步太放在心上。他们过于沉浸于自己的小世界，不太能接受新的信息和知识，只是重复表达过去的观点。李恩英不仅尝试站在传统媒体的视角来看新媒体，还时常吸收新信息，调整思路和方向。当她说要写一本关于 MCN 的书时，我不由地好奇起来，尤其是我还是 Facebook "读新闻的女人"账号的粉丝。即便这个领域的专家也认为难的部分，她也能够简单地讲清楚。祝贺她迈出写书的第一步，从个人角度来说，我很乐意将本书介绍给更多人。也许若干年后，高校或企业会将本书选定为必读图书。

金朝韩　SK 宽带经理

作者通过罗列国内外的媒体及平台、MCN 相关人士、创作者的真实案例，用一本书将韩国 MCN 产业的现在与未来展现了出来。近来有关 MCN 的声音毁誉参半，本书的出版恰好抓住了最佳时机。现在是一个普通人就能很容易地在开放平台上传文字、照片、视频内容的时代，也能够参与点赞、留言、分享等。以网络和内容为基础应运而生的新商业模式具备了来自国内外的竞争力和价值，并获得了认可。不论是线上还是线下，全世界都刮起这样一股风——内容被看作所有产业成功的核心要素。视频内容以 YouTube 为大本营，通过谷歌广告产生收益，主播和管理主播的 MCN 产业飞速成长。韩国 MCN 从业者们脱离了原有的收益模式，为了能在电视、OTT 等多样化平台上和消费者见面，他们践行着单次发布、多平台即时更新 COPE（Create Once, Publish Everywhere，COPE）的原则。为此，BAT（百度、阿里巴巴、腾讯）等视频平台正在进军东南亚。加强与传统平台的合作，钻研视频商务、PPL、名人效应等新盈利模式。

在这样的时代机遇下，本书承载了作者长久以来的探究。

作者将 MCN 这种内容产业的新商业模式的诞生和成长背景与国内外主要案例一同理顺出来，又和传统媒体相对照，指出了新媒体的成长可能性。同时，作者以 MCN 之所以存在的意义和主要收益模式之于消费者、创作者、平台之间达成平衡的视角深入思考，充分呈现了平台的发展变化。书中将以创作者为中心的 MCN 称为 MCN2.0，并进行了立体、真实性的讲解。

作者还针对 MCN 的业务模式，指出不急于普及 UGC、BJ 等单人媒体的延伸形式，论证了新闻及品牌新闻、下一代媒体的成长。她向 MCN 从业者展示了如何培养新的媒体模式，并提出了实操性的建言，推荐所有对 MCN 和新媒体有兴趣的人读一读这本书。

朴成照　Glance TV 主管

数年前成立的 SMC 公司在几年间创造了数百亿韩元的销售额，从而在营销行业扎下了根。SMC 能够如此成长的基础得益于社交媒体的发展，然而，这个领域仍然如同埃尔多拉多一样。从这个角度来讲，SMC TV 将打造 MCN 媒体也是一件令人兴奋的事情。SMC TV 副社长李恩英讲述的关于 MCN 商业领域的故事非常有趣，如果你是在广告、宣传、媒体等内容企业工作，一定要读下这本书。MCN 无疑将是一片蓝海。

金龙泰　SMC 公司主管

前言

如若不识 MCN，谈尽内容也枉然

当我说要写本关于 MCN 的书时，常常听到这样的回应："MCN？这是谁都知道的东西呀！现在舆论经常爆出关于 MCN 的各种问题，写这样的书，这热度是不是蹭得太没水准了？"

果真如此吗？

不久前，有位在某企业担任副总裁的熟人讲起他曾到大学参加 CEO 训练营的事。讲师是位经营 MCN 业务的人士，课程中有关于"原生广告"的部分，引入了过于专业的 MCN 战略内容，结果不论是讲师本人还是大部分听课的人都感到十分困惑。因为对于听课的人来说，"MCN"这个概念本身就很陌生。

他的经历让我想起了斯坦福大学 MBA 教授奇普·希思曾说过的："人们在理解了某个意义之后，便无法想象不知道它的状态是怎样的。"

的确如此。从事某个行业的人，经常会觉得在自己圈子之外的人同样在某种程度上也会了解自己所投身的这个行业的知识，尤其是各种媒体上经常介绍到的那些领域。

自2015年开始，MCN的概念、盈利模式、投资等各种话题性报道见诸媒体，但仍旧只有从事MCN及相关行业的人才对MCN业务的消息投以关注，而且在很多时候，人们并不能辨别MCN到底是否与自己有关。因此，很难说社会上大多数人对MCN都有着大致的了解。

不久前，我成立了一家专门做新闻方向的MCN机构。MCN也有冷门领域，我算是活跃在MCN业务的最前线了。MCN足以成为新媒体的一个分类，它的真相究竟是什么，它如何发展至今，又会走向何处，它是否在与传统媒体共同建构着某种联系，这些都需要时间来梳理。我通过Facebook个人账号（"读新闻的女人"）和来自各领域的朋友们互相交流，由此也收到了出版社关于"可以写一本关于MCN发展趋势的书"的提议。我曾一度担心我怎么会写书呢？但考虑到这件事其实具有多方面的意义，便应允了下来。

然而，写书并非举手之劳，这与先收集相关新闻的剪报，再把我对它的看法和视角简单整理出来,然后在 Facebook 上发帖子不可同日而语。其中最大的困难是,找不到能够一目了然地介绍 MCN 的资料。MCN 的历史伴随着 YouTube 的历史和轨迹,想要梳理 MCN 的相关内容,就要搜索 YouTube 自诞生以来的网络内容与业务历史,并整理出来。

对于 IT 相关媒体的报道自然要收集,为了能和正在从事内容业务的专家们见面交流,我向他们发出了访谈邀约。尽管写书是件很有意义的事情,但痛苦的是我每天都被卷入铺天盖地的与内容业务相关的新话题中。在实际动笔写作的两个多月里,有一些与全球性 MCN 机构有关的投资已尘埃落定,这就要求我要修改已经写好的内容。我不禁感叹,要写一本关于持续变化的发展趋势的书真不容易。这也成为一个契机,让我再次想起了市面上已有的相关书籍的作者们。

无论如何,现在本书已定稿。对于 MCN 业务,在实践中,有数不清比我功力更扎实深厚的资深人士,这些人会如何看待本书呢?想到这里,我的脸突然变得火辣辣的,同时我又鼓起了勇气——我期待通过本书的抛砖引玉,能有更多与 MCN 业务相关的书籍面世。作为第一个吃螃蟹的人,对 MCN 行业以及我本人,本书的出版都有着非常重要的意义。

另外,我并非因身处 MCN 商海之中才这样讲,而是相信

MCN一定会在不久的将来成为新媒体内容的核心。我相信，不懂MCN就无法谈论数字内容时代的未来。

然而，仍有很多内容相关从业者对MCN没有较深的理解。本书如能成为这些人的指南，于我的意义已是无以复加。在此，我要拜托各位读者，对于本书的不足之处请通过Facebook、电子邮件、新闻MCN频道等各种渠道提出意见！可以预见，这将会再次掀起激烈讨论的高潮。我认为，只有这样，这本书才算是真正的完整，因为创作者和粉丝之间紧密的沟通才是MCN最大的利器。

目录

第 1 章
MCN，你是谁

源自 YouTube 的内容大爆炸   2
MCN 是什么？MCM 包的山寨版吗   2
MCN 的前身——UCC   4
快餐文化——内容消费的变革   6
MCN 业务模型分类   8

从 MCN 新面孔身上嗅到钱的气息   12
千禧一代——造星的一代   12
全球化 MCN 机构的杰出代表   13

全球化 MCN 机构从 1.0 时代迈向 2.0 时代   24
关于 MCN 收益模式的疑问   24
全球化 MCN 机构的现状   25
投资未来的 MCN   31

传统媒体的强者以及 MCN   33
特别命令——留住千禧一代   33
Watchable，康卡斯特的旗帜   34
Go90，威瑞森的旗帜   36
MCN 超越 YouTube，走向更大的生态系统   39
MCN 是变色龙   41
韩国各广电公司从 MCN 身上寻找未来   44
韩国游戏公司对 MCN 垂涎欲滴   47
打破界限的 MCN   48
MCN，创造无尽的商机   49

第 2 章
主播与他们的内容

全球化主播的收入情况 　　　　　　　　　　　　　52
收入最高的 7 位 YouTube 主播　　　　　　　　　52

中国——规模的力量 　　　　　　　　　　　　　66
中国有中国的特色　　　　　　　　　　　　　　　66
网红主播——papi 酱　　　　　　　　　　　　　　68
网红对经济的影响　　　　　　　　　　　　　　　69
中国直播平台的角逐　　　　　　　　　　　　　　70

日本——独特的 MCN 生态系统 　　　　　　　　73
YouTube 主播在日本小学生未来愿望中排名第三　　73
日本的顶流主播　　　　　　　　　　　　　　　　74
人气暴涨的儿童主播　　　　　　　　　　　　　　75
日本的 MCN 业务　　　　　　　　　　　　　　　 76
隐形营销——巧妙融合内容产品　　　　　　　　　78

韩国的顶流主播 　　　　　　　　　　　　　　　81
韩国 MCN 的两大支柱及代表性主播　　　　　　　81
制造负面话题的名字——BJ　　　　　　　　　　　91
恶意评论是 MCN 的绊脚石　　　　　　　　　　　 93
星气球　　　　　　　　　　　　　　　　　　　　96

第3章
MCN 内容——打破市场的界限

MCN 内容——以市场趋势为风格　　　　100
主播"杀死"电视明星　　　　100
MCN——出爆款的内容公式　　　　102
有代表性的儿童频道　　　　107

MCN——新闻内容可行吗　　　　110
新闻消费掉转风向　　　　110
新闻 MCN 是媒体的新业务吗　　　　112
身处变局漩涡中的媒体　　　　115
《读新闻的女人》栏目　　　　124

当 MCN 遇见广告　　　　127
网红营销、原生广告、植入式广告　　　　127

当 MCN 遇见电商　　　　137
MCN 如何卖东西　　　　137
借力 MCN 的电商企业　　　　142
媒体电商和主播　　　　144
当产消合一遇上 MCN　　　　145
虚拟现实也变成了 MCN 内容产品　　　　147

第 4 章
平台，内容！巨鳄的对决

Facebook 的梦想：做所有内容的平台   152
YouTube 的堡垒正摇摇欲坠   152
Facebook 变了   153
Facebook 的心头肉——视频   156
Facebook——病毒式传播的宠儿   159
蚕食新闻媒体的 Facebook   161
人气页面——自成广告媒体   163

亚马逊的梦想：做内容王国   165
瞄准 YouTube 与奈飞   165
Twitch TV 登陆韩国   168

韩国个人直播平台的未来之路   172
Afreeca TV——参与全球化平台竞争   172
移动个人视频——潘多拉 TV 的 Flup   175
采用多媒体平台战略   175

结束语   179

第1章

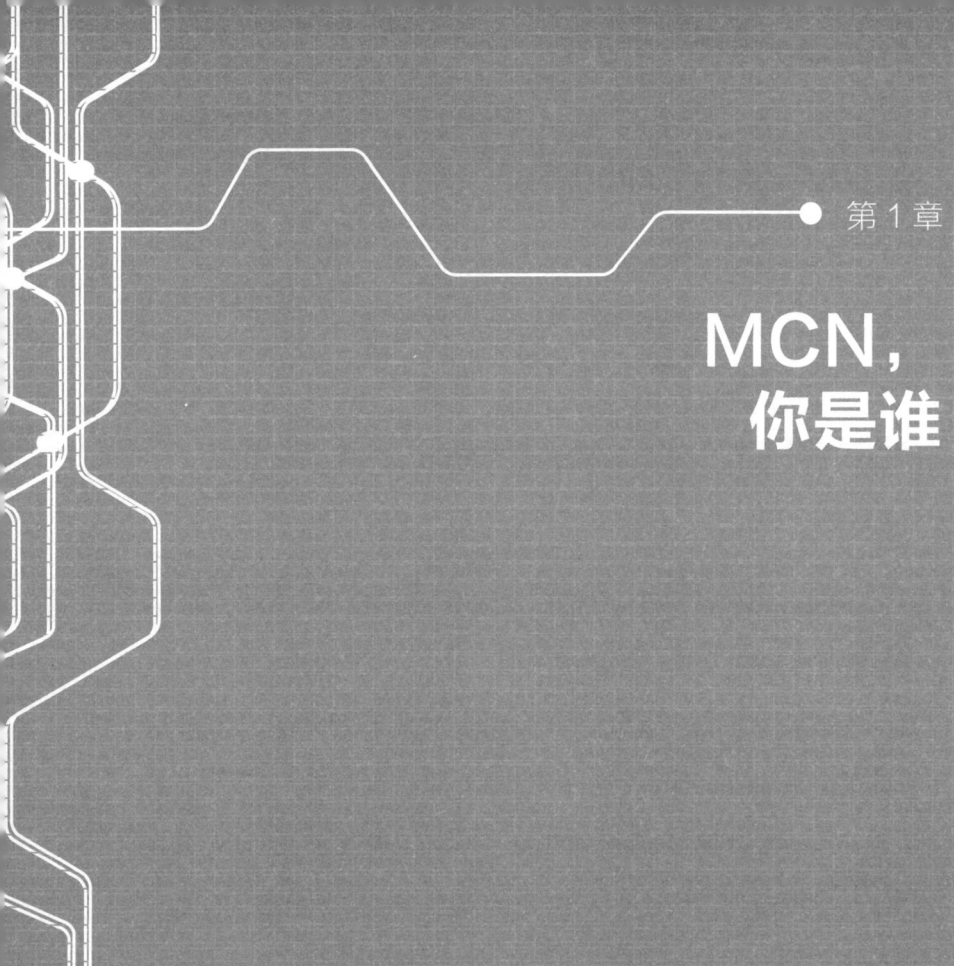

MCN,
你是谁

源自 YouTube 的内容大爆炸

MCN 是什么？ MCM[①] 包的山寨版吗

MCN 是多频道网络的简称。捆绑多个频道？对于初次听说的人，这是个新奇又难以想象的东西。MCN 这个词诞生于世界最大的视频共享平台 YouTube。YouTube 创办于 2005 年，MCN 这个概念在 YouTube 创办之后许久才站住脚，如果不是这个行业的从业者，通常会觉得 MCN 很生疏。再加上韩国的 MCN 业务在 2013 年才见端倪，因此有人把 MCN 误认成 MCM 山寨包也就不足为奇了。

在韩国，几乎每个网民都看过来自 YouTube 的视频。在某个无聊又乏味的下午，点开朋友在 KakaoTalk（韩国的即时聊天软件）上发来的链接，便跳出一个视频，一个人气爆棚的搞笑视频。或许我们每个人都曾被这样的视频逗得"噗嗤"一笑。如果说网

[①] MCM 是一个发源于德国慕尼黑的时尚品牌，后在韩国首尔清潭洞开设了全球第一家五层楼高的旗舰店，打开了亚洲市场。于 2005 年被韩国企业收购。

络是"信息的海洋",那么YouTube就是一个充斥着各种视频的"视频海洋"。

随着拍视频的人越来越多,以拍摄、编辑发布视频为业的人被称为"创作者"。用户抱着明确目的上传的视频越来越多,于是YouTube开发出了在帖子中添加广告以获取收益的盈利模式。

由此也就开启了个人创作者将个人兴趣商业化的道路。可是,在持续维护账号、体系化获取收益,进而实现业务化方面,个人创作者则有其天然的局限性。解决办法便是需要合作组成共同体——将有人气的频道捆绑在一起进行体系化管理,确保持续地获益。于是,共享收益的MCN业务便在这样的环境下诞生了。这也是"频道捆绑"的概念。

在一段时期里,为创作者或频道提供支持的业务被称为OVS(online video studio)、ITC(internet television company)、MCN、YouTube网络,2014年起统称为MCN。

IT术语词典是这样解释MCN的:

> 与YouTube视频频道合作,进行内容制作、推广、创作者管理、著作权管理等,与YouTube频道共享获得的广告收益的运营商。

MCN 的前身——UCC

如果要追溯 MCN 的根源，我们可以找到 21 世纪 00 年代中期，在全世界掀起热潮的用户生成内容（user created contents，UCC）。相对 MCN 来说，人们对 UCC 要更熟悉一些。

没错。它指的就是由普通人而非行业专家制作的视频。借助数码相机和智能大众化的力量，所有人都能轻松地制作视频。

人们不仅拍摄日常，还将人气电影、电视剧或漫画视频中有趣的场面做成搞笑视频上传到 YouTube，分享给更多人。有特点的内容会得到无限传播，YouTube 诞生了 UCC 大爆发。借助 UCC 的力量，YouTube 上线一年后的访问量就由 5.7 亿暴增至 300 亿，暴增 52 倍。

2006 年，美国《时代周刊》评选出了年度风云人物——"YOU"。说起风云人物，如果是某个知名人士，自是理所当然。而《时代周刊》将那些积极表达自我、努力拼搏的普通人评为年度人物，也可以说是赋予了个人"做属于自己的内容"的巨大意义。

UCC 大爆发的时候，由于视频制作者的身份不同，对它们的称呼也不同。比如，专业的个人制作的视频被称为 PCC［proteur （professional+amateur）created contents〕，广播电视公司或专业制片公司的作品被称为 RMC（ready made contents）。而今，这些多样化的概念正朝 MCN 的方向整合统一。

不论概念如何，以 UCC 为基础内容的热潮迅速冷却了下来。为何如此？答案很简单，内容虽然有趣，但不能赚钱。喜欢视频的人能带给 YouTube 喧嚣和热闹，但却很难看到因 UCC 带来收益的相关案例。

反转发生在 2007 年，YouTube 引入在视频上贴片广告的"合作伙伴计划（Partner Channel）"并因此崛起。一旦产生广告收入，则 YouTube 和创作者共享。在计划初期，是以索尼、美国广播公司（ABC）、哥伦比亚广播公司（CBS）、华纳兄弟等大型内容商为中心运营的，逐渐地，中小内容制作者和业余爱好者也成为与 YouTube 共享收益的一分子。由此，个人创作者也开启了收益化之路。

"往 YouTube 上传视频，人气高就能赚钱。"

这已经足以产生激励效果了。虽然当初不是为了赚钱而做视频，但如果别人喜欢我的视频，他们转发了，然后我就能赚到钱了！

然而，业余爱好者拍摄、剪辑制作出高质量的视频并非易事。

YouTube 也开始思考如何才能获取更多高质量内容。

为了体现差别化且扩充更多高质量内容，YouTube 做出了这样的战略——扩充优质原创内容。MCN 恰好适应 YouTube 的战略，于是，挖掘优质内容的 MCN 时代到来了！

快餐文化——内容消费的变革

人们用可以轻松享用的快餐来比喻那些即兴的、简单的内容，并将其称为快餐文化。快餐文化的消费人群以 10~30 岁为核心，逐渐向全年龄层扩展。快餐文化的代表是网络漫画、网络小说、短视频。人们开始为新形式的内容欢呼，因为它们并非来自专业人士，而是来自接地气、贴近观众的普通人上传的视频。

在初创时期，YouTube 上的 UCC 大部分都是由个人用户因兴趣爱好而上传的内容，这也开启了完全由一个人就可完成的视频媒体时代。智能手机的普及犹如在这个星星之火上浇了油，数据实现了划时代的高速传输，通信消费实现了大众化。据统计，韩国以 2013 年秋、美国以 2014 年 3 月为准，民众的智能手机使用时长开始超过电视视听时长。除了接打电话外，不论何时何地，持有智能手机的人都可以用它来发短信、上网聊天、发送电子邮件、搜索信息，人们开始了丰富多彩的形式消费内容。

现在，不论是谁，都可以随时随地用智能手机拍摄图片或视频，图片和视频被上传后马上就变成了内容。把自己喜欢的素材做成视频，短时间内就能够与非特定的多数人进行沟通和分享。不论质量好坏，只要视频能引发强烈的共鸣便能立即激发观看者做出反应，有时也能收获狂热和欢呼。明星创作者就是在这个过程中诞生的。MCN 运营商也起到了篱笆的作用，保护创作者，为创作者提供支援，使他们能够专注于内容的生产。

YouTube 上活跃着游戏、美妆、时尚、吃播、儿童等多个领域的创作者，他们的作品正在改变内容消费模式，并以丰富多彩的姿态在市场中不断涌现着。

在韩国，提起 MCN 生态系统就不得不说到本土平台 Afreeca TV。在 Afreeca TV 身上，我们可以看到 MCN 收益模型中最重要的因素就是建立共识。以个人播放平台起步的 Afreeca TV 成长于 2016 年。在当时，网络直播只是个人爱好。在今天，网络直播的主播被称为"BJ"，但在当时却被认为是无所事事、游手好闲的人。

普通人如果想出名，就得去参加电视台海选，而 MCN 市场则不同。即便不是专业内容，只要有鲜明的自我表达，就会有人喜欢，于是就有了追随者。有个汽车装饰爱好者主播，为了购买汽车内饰用品而走遍全国，有时还要熬夜亲手制作。他将这些场景做成内容后上传至网络，于是在有着同样爱好的群体中，不知不觉中，他就成了神一般的存在。达成共识是形成共鸣的最强武器。被唤起共鸣的人会成为粉丝，粉丝多了，则就形成了粉丝群。

MCN 业务模型分类

仅仅通过共鸣来聚集人气并不足以形成商机。不仅仅本书的读者，还有更多人对此持有疑惑。MCN 能变现吗？只靠广告收入能维持公司运转吗？那些对 MCN 只有零星认识的人，往往认为 MCN 就等于广告，但 MCN 的业务结构比你想象的更成体系。

来看一下韩国广播促进协会（Korea Radia Promotion Association，RAPA）发布的《2015 移动网络全球化流通前沿报告》中所提到的：

从收益和回报方面来看，MCN 业务模型大致可分为运营、报酬、传播三种。

运营模型是指 MCN 机构通过经纪方式与创作者形成合约，以专属、自由职业等方式整合在一起，通过收取基本代理费、YouTube 广告收入分配等形成业务架构。

报酬模型是指通过运营旗下的创作者、具有影响力的账号等进行多样的营销造势，并对收益进行分配，或采用激励、定额套餐方式进行奖励。最具代表性的是通过收益分配、工资、奖金、定额补偿等方式维持 MCN 机构和创作者的合作关系。

传播模型是指 YouTube 及其他频道提供内容联动功能，进行收益分配。内容联动并不直接生产内容，而是收集、加工优质内容，使其在更多的视频平台上传播。例如，在购买电影版权后，将其出售给电影网站运营商。

大部分 MCN 机构都将上述的三种模型相结合来运营。

另一方面，也可以将 MCN 业务视为常见的艺人经纪公司、节目制作公司来说明业务结构。此时，常见的 MCN 业务模式大致分为经纪人、广告代理、电视台、制片几种。

在经纪人模式中，具有代表性的例子可参考 CJ E&M 的钻石 TV、宝藏猎人、Afreeca TV 等，韩国以外以 StyleHaul 为代表。在该模式中，旗下创作者的影响力和网红的媒体能力是重要的指标。全球化的 MCN 机构普遍会从经纪人模式起步，然后转向品牌内容制作、植入式广告等，同时通过广告代理模式强化内容制作能力，通过成立工作室的方式向电视台、制片模式进化。

属于广告代理模式的有 Defimedia、Fullscreen、Awesomeness TV 等全球化的 MCN 机构。制片模式的 Defimedia 为代表，主要考查的是内容制作能力。

最后，在电视台模式方面，韩国国内具有代表性的则是 Afreeca TV，全球化 MCN 机构则有 Maker Studio、Musinima。在这种情况下，MCN 机构不仅需要具备内容制作能力，还要具备网红的媒体能力，才能提高成功的可能性。

在 2016 年，韩国国内 MCN 机构采用 YouTube 的广告收益分成结构与创作者达成了合作关系。YouTube 的广告在产生收益时，与创作者按 45∶55 的比例分成；创作者和 MCN 机构又在这"55"的基础上按照 1∶9 到 3∶7 的比例进行再分配。因此，MCN 机构在一名创作者身上期待的收益仅占广告销售额的 5%~16%。因此，对于将目光放在 YouTube 广告收益上的机构来说，规模很重要。起步时期的钻石 TV 和宝藏猎人曾试图最大限度地维持创作者的数量，不得不说与此有关。

韩国国内的视频直播平台 Afreeca TV 从一开始就走上了正规

的 MCN 业务路线。狂热的粉丝文化催生了"星气球"①这种稳定的收益模式，Afreeca TV 也得益于这一模式在 2016 年 8 月取得了日开播 8000~10 000 个直播频道的成绩。

韩国钻石 TV 引入了 Afreeca TV 的高人气创作者，开启了韩国 MCN 的先河。随后，CJ E&M 前职员创立的 MCN 机构宝藏猎人登场。

2015 年起，游戏类 MCN 公司宝藏猎人、Kongdoo 公司、时尚美妆类 MCN 公司 Leferi、Video Village 等开始正式走进大众视野。

---

① 用于打赏刷榜的道具礼物。

从 MCN 新面孔身上嗅到钱的气息

千禧一代——造星的一代

2015年,美国著名杂志《综艺》(*Variety*)以10~30岁人群为对象进行了一项关于受欢迎艺人的调查。第一名到第七名都被来自 YouTube 的创作者占据,第八名才出现艺人的名字——以 *Just the way you are*、*Marry you* 两首歌而知名的歌手布鲁诺·马尔斯(Bruno Mars)。然而,就连他也是一位因为恶搞 *Marry you* 的各种视频在 YouTube 上火爆而大量转发造就的世界级明星。

无论是从调查结果的排名来看,还是从歌曲相关视频获得的全球性关注来看,我们都能够推测出它对十几岁年龄人群的巨大影响力。受到这个年龄段人群喜爱的创作者拥有仅次于好莱坞明星的关注度,他们被称作"HollyTube"。"HollyTube"是由"Hollywood"和"YouTube"组成的新造词。

以10~30岁人群为主要消费群体的视频内容市场,开始颠覆整个媒体市场的格局。他们被称为千禧一代,比起电脑,他们更熟悉智能手机、平板电脑这样的移动端设备。他们交互的中心是移动设备，通过移动设备进行对话、日常生活、搜索与消费各种各样的内容。在他们所消费的内容中，视频占据压倒性的优势。虽然他们曾经大量消费图片类内容，但向视频内容消费的转换速度却一天比一天快。

MCN 机构不会对这个人群的内容消费趋势视而不见，它们开始正规地培养并管理那些能够创作出留住这个年龄段人群的视频的创作者。因为它们早已感知到，创作者就是金钱。

全球化 MCN 机构的杰出代表

我在编写此书时，在调查全球化 MCN 机构的发展情况的过程中，也认识到市场是瞬息万变的。早期，MCN 经历了相当大的变化才有了今天的模样，但对于今后它还会迎来什么变化，我们是很难想象的。最近，MCN 机构或是被传统媒体企业或大型通信公司收购，或是签订内容供应合同，开始以多样的方式探索新业务。尽管了解韩国国内 MCN 的现状确实是当务之急，但似乎更有必要先看看先行者现今是何种状态，即海外 MCN 机构代表的现状。

Maker Studio

Maker Studio 由丽莎·多诺万、本·多诺万兄妹在 2006 年创立。当时，兄妹俩将亲自制作的视频上传到 YouTube，因谷歌的"优质原创内容扩充战略"成为广告收益共享项目的受益人。

2009 年正式商业化后，Maker Studio 发展成了具有代表性的 MCN 机构。然而，它的影响力并非绝对的，同样承受着包括 Bebo、Machinima 在内的 Fullscreen、Awesomeness TV 等后来者的冲击。

其中，Makermusic 由 3 个频道起步，包含游戏、体育、时尚、音乐、漫画、美妆等多个主题，拥有泛年龄段的粉丝。2012 年，处于运营状态的频道数破千。截至 2016 年 5 月，Makermusic 在 YouTube 上的频道数超过 5.5 万个，拥有生活在 100 多个国家的 6 万余名独立创作者，粉丝人数达 6.5 亿，其中 80% 是 13~34 岁的千禧一代。Makermusic 的月均播放量超过 100 亿次，占 YouTube 视频播放总量的 5%，拥有强大的影响力。

Maker Studio 为了支持旗下活动在世界各地的创作者，提供频道管理、培训和数据分析服务。Maker Studio 将创作者分成三个小组进行管理，对于排名靠前的小组，甚至可以为每名创作者配备 5 名经纪人。此外，由 75 人组成的工程师团队可以为创作者的作品提供设计、编辑等方面的支持性工作。

迪士尼公司从中闻到了钱的味道。它们从 2014 年开始关注这个领域，此时距离 Maker Studio 商业化已过去五年。迪士尼公司拥有动漫、美国广播公司（ABC）的电视剧、娱乐与体育电视网（ESPN）的体育频道等面向全年龄段大部分观众的内容业务集群。

几年前上映的动漫《冰雪奇缘》（*Frozen*）不仅受到儿童的欢迎，在成年人中也有着极高的人气。主题曲 *Let it go* 被国内外著名音乐家翻唱成本国语言后上传到 YouTube，裂变出了各种版本。

迪士尼公司对 Maker Studio 渴望是因为其已经预见了短视频内容的未来。迪士尼公司需要那些既能够制作品质优良的内容，又拥有人气不低于社会名人的 YouTube 明星。迪士尼公司打算利用电影、主题公园、电视动漫等系列进行积极营销。创作者创作出带有自己的特点和个性的内容，并将其上传到自己的频道。如此一来，迪士尼公司就拥有了可以对 YouTube 上的几十亿粉丝推广自身品牌的频道。

2014 年 3 月，迪士尼以 5 亿美元的价格收购了 Maker Studio，并表示，如果 Maker Studio 的绩效水平达到要求，Maker Studio 的创始人和投资者将得到额外的 4.5 亿美元。

Fullscreen

Fullscreen 成立于 2011 年，以 10~30 岁人群为主要目标客户，制作搞笑、游戏及音乐领域的视频内容。Fullscreen 于 2016 年 4 月 26 日起开始向全球提供质量精良的原创内容，并向奈飞或一些游戏电视公司提供影视内容。Fullscreen 推出了每月可享受 800 小时时长视听内容的定额定量套餐服务，尝试打破只能依靠 YouTube 获取收益结构的战略。

Fullscreen 旗下的格蕾丝·赫尔比格（Grace Helbig）、

Pinebrothers、Jack&Jack 等创作者在全球拥有庞大的粉丝群体。Pinebrothers 是一对制作搞笑短视频、仿拟广告的兄弟，属于高收入创作者。

Fullscreen 在全球有 7 亿多名创作者，4.5 万个频道共吸引了 6 亿粉丝，月视频播放量达 50 亿次。

为了维护创作者以谋求成长，Fullscreen 自 2013 年起开始运行创作者平台。这个支持性项目根据 YouTube 视频的播放量将创作者分成三个组别进行管理，例如，顶级创作者可以享受配备 10 名专业经纪人的待遇。

根据韩国广播促进协会的分析资料，为创作者提供支持工作的经纪人要么本身曾是创作者，要么具备卓越的数据分析能力。入选顶级创作者的标准中要求每个视频至少要拥有 600 万以上的播放量，每分钟约 30 万播放量。

此外，Fullscreen 的每个经纪人要管理 50 名左右的仅次于顶级创作者的创作者，肩负战略性地推动创作者个人品牌、帮助创作者成长的任务。

Awesomeness TV

Awesomeness TV 是由美国著名制作人布莱恩·罗宾斯于 2008

年创立的 MCN 机构，旨在为 10~20 岁年龄段群体提供电视剧、搞笑节目、音乐、真人秀等视频内容。

Awesomeness TV 的投资现状非常复杂。多家公司分散持有股份，甚至可被称作站在食物链顶端的捕食者——美国康卡斯特有线电视公司也加入了进来。

现在，Awesomeness TV 在 YouTube 上拥有 8 万多个频道、超过 1.6 亿的粉丝，在每周不同的日子里分别播出不同的节目。例如，周一是美妆专辑、室友大战，周二是搞笑专辑，周三是流行文化……以这种方式提供不同类别的内容服务。

订阅用户只要按照自己的口味选择创作者和节目即可。近来，一系列原创作品在 YouTube Red（YouTube 的付费会员服务）上亮相，以谋求收益。

业界对 Awesomeness TV 的关注最终为它带来了投资。2013 年 5 月，梦工厂动画公司斥资 3300 万美元收购了 Awesomeness TV。一年后，梦工厂动画公司将原 100% 股权中的 24.5% 出售给了赫斯特集团，金额高达 8125 万美元。出售时，Awesomeness TV 的估值在 3.25 亿美元，这样算来，梦工厂动画公司当初收购时的投资在 1 年内翻了 10 番。

2016年4月，梦工厂动画公司将股权的24.5%出售给了美国电信运营商Verizon，此时，Awesomeness TV市值已经高达6.5亿美元。最终，Awesomeness TV在3年的时间里的价值上涨了20倍。不得不说，梦工厂在这场收购中大获全胜。

2016年4月，美国康卡斯特有线电视公司以每股41美元、总价38亿美元的价格收购了梦工厂动画公司。

Bebo

Bebo是专做音乐的MCN机构。2009年12月开始提供服务，截至2016年6月已拥有5万多个博客频道，以及来自全世界超过9亿粉丝。

Bebo不仅按国家分成Bebo英国、Bebo意大利等国家频道，还按照不同歌手分成了歌手频道，如蕾哈娜、贾斯汀·比伯、阿黛尔等，粉丝按照喜欢的歌手进行搜索，就可以欣赏音乐。此外，Bebo TV 提供 24 小时不间断音乐流媒体服务，可以看作 MTV 的线上模式。

之所以能将国外著名流行音乐明星的内容聚集到一起，是因为 Bebo 是由美国的索尼音乐娱乐公司、环球唱片公司、谷歌、阿布扎比传媒公司合作成立的。因为是唱片界数一数二的公司携手创办了这个机构，所以它最独特的竞争力就是能够提供世界四大主要唱片品牌的音乐，这也是 Bebo 上广告价格昂贵的原因。

广告是按每千次展示或播放来定价的，也叫作 CPM（千人成本）。一般来说，YouTube 的视频的 CPM 在 3 美元左右，但在 Bebo 的知名流行音乐明星的 MV 上做广告，其 CPM 高达 25~30

美元,是普通内容的10倍,由此可见Bebo内容广告的效果是很好的。

为追求收益多元化,Bebo将业务扩展至移动端、电视控制平台等,希望脱离YouTube,并尝试打破只能依赖于YouTube收益的局限。

Machinima

这个名字很容易让人想起韩语中称呼男孩的方言"머스마"(meoseuma),巧的是其目标人群也是以男性为主。

该机构名从机械(machine)、电影(cinema)、动漫(animation)三个词的英文中各取一部分,内容主要围绕10~40岁男性喜爱的发动机、制图、故事、软件等,在为游戏爱好者提供内容方面占据优势。

该机构现运营3万多个YouTube频道,拥有4.3亿粉丝。它属于时代华纳系,2014年、2015年分别从时代华纳旗下传媒公司、华纳兄弟获得共计4200万美元的资金。谷歌风投、MK投资、红点创投也参与了这次投资。

连续两年获得投资,得益于其粉丝数和月播放量的迅速增长给公司带来的成长性加分。根据公开资料,投资资金将被用于获取潜在客户、广告商及制作和改善流通服务所需的技术升级上。

同时，Machinima 也在尝试通过 Twitter、Facebook 等社交媒体、应用程序、控制界面等实现平台多样化。一源多用（One Source Multi Use）概念有着提高内容利用效率、更紧密地绑定粉丝的优点。

StyleHaul

StyleHaul 是由斯蒂芬妮·霍巴切斯基（Stephanie Horbaczewsk）于 2011 年创立的一家时尚、健身、美妆、生活领域的 MCN 机构。StyleHaul 在 4900 个频道上拥有 2 亿粉丝，月内容点击率达到 11 亿次。2014 年，欧洲传媒公司 RTL 以 1.07 亿美元收购了 StyleHaul。

StyleHaul 旗下的创作者超过 5000 人，总部设在好莱坞，在纽约、芝加哥、伦敦均有业务，拉丁美洲地区、新加坡也有涉及。

尽管与其他 MCN 机构相比，StyleHaul 的规模偏小，但它在美妆、时尚方向做出了特色，深受广告商的青睐。

相比其他领域，与化妆品、美发、香水、饰品、服装、鞋类等相关的美妆、时尚商品在视频内容中应用植入式广告、原生广告能够获得更直接的效果。因此，相关企业的广告主对其内容表现出极大的兴趣。

StyleHaul 同样不只将内容的希望寄托在 YouTube 上，而是通过多元化的平台推行整合式的一源多用战略。

此外，StyleHaul 积极与时尚美妆企业持续开展联合营销活动。2014 年 6 月和 7 月，StyleHaul 分别与化妆品牌美宝莲、服装网站帕克森（PacSun）进行了联合营销。

全球化 MCN 机构从 1.0 时代迈向 2.0 时代

关于 MCN 收益模式的疑问

对全球化 MCN 机构的投资热潮不仅仅出现在韩国，韩国社会对 MCN 的关注也是近年来才兴起的一股潮流。自 2015 年起，韩国风投开始正式对 MCN 机构和内容制作公司抛去了橄榄枝。

成立于 2015 年初的宝藏猎人和 CJ E&M 构成了韩国 MCN 的两大支柱。宝藏猎人在成立不足一年的时间里，将公司估值做到了 1000 亿韩元[①]，获得了 157 亿韩元的投资。其旗下的美妆类 MCN 平台 Leferi 获得了联合传媒的 10 亿韩元投资。

游戏类 MCN 平台 Kongdoo 也通过韩国创投公司（K Cube Ventures）获得了 56 亿韩元的投资。内容制作企业 Makeus（makeus.com）同样获得了接近 1 亿韩元的估值认可，获得了来自 DSC、KTB 等风险投资机构的 202 亿韩元投资。这是韩国本土

---

① 1 韩元 ≈0.0053 人民币。——译者注

MCN 机构截至 2016 年 8 月创下的最高融资纪录。

众所周知，资本家对 MCN 的关注最终会体现在投资上，但随之而来的就是对其盈利模式的疑问。2015 年，媒体关于 MCN 的疑问主要集中在一个问题上：如何盈利？

的确，正如媒体所言，YouTube 带来的广告收益有其局限性，韩国的广告市场规模本身就小，已是一片红海。但并非只有韩国企业面临这个问题，全球化企业也是如此。这也是全球化 MCN 机构从单一 YouTube 平台转向 Facebook、Twitter、控制台、电视以谋求多平台化的原因。

全球化 MCN 机构的现状

我将"MCN 机构以 YouTube 为大本营，支持创作者并分享广告收益的商业模式时代"称为 MCN1.0 时代，而把现在的时代称为 MCN2.0 时代。

MCN2.0 指的是致力于去 YouTube 化，探索在更多元化的平台上制作、传播内容，制作企业或商品广告内容，并扩展到单人网购类节目等商务领域的业务。2014 年前后，获得了大规模投资的全球化 MCN 机构开始走向 2.0 时代。

或进入传统媒体平台,或通过 OTT(over the top,网络媒体内容从业者),有时也会串联传统媒体的节目,这种将内容传播渠道多元化的模式也属于 MCN2.0 的范畴。MCN 不仅是基础的内容行业,还灵活运用创作者的潜质,将领域拓展至衍生业务。例如,以搞笑视频出名的创作者在科幻电影中担任主角,时尚美妆类创作者则推出彰显自身风格的服装品牌。

接下来,让我们简单了解一下全球化 MCN 机构的现状。

Maker Studio

向 YouTube 的竞争者 Vimeo 提供内容,标志着 Maker Studio 正式开始"去 YouTube 化"。虽然 Maker Studio 容易让人产生生产工业品的印象,但它拥有分布在全球 100 多个国家的 6 万名创作者制作视频,这是不是像在全球各国拥有生产工厂的全球化制造企业呢?

除美国外,Maker Studio 还在新加坡、德国、英国、法国等地成立了分公司,鼓励和支持各国创作者进行内容制作。对此,创作者们也纷纷做出了响应,不仅结合当地情况制作内容,也能够制作出满足全球化服务要求的内容。

如此这般，内容工厂每月向通信公司威瑞森（Verizon）运营的 OTT 平台 Go90 供应数以千计的短视频。例如，讲述好莱坞明星们在漫威世界中探险的 *Marvel's Off the Rack* 以及 *Defining Beauty*（第二季）和《幻想任务》（*Fantasy Quest*）等内容在 Go90 上广泛传播。之所以拥有这样的内容制作能力，是因为其背后是迪士尼公司。

Fullscreen

Fullscreen 自 2016 年 4 月底面向全球开展 OTT 服务。在网络方面，其平台按照能够满足移动设备端消费视频内容的目标搭建了平台，构建内容生产和传播双联动的业务战略。

由此，Fullscreen 成为一家视频平台运营商。它强调，YouTube 和奈飞并非其竞争对手。但 Go90 则不同，尽管二者创造收益的方式略有不同，Go90 却被视为竞争对象。

尽管从服务方式来讲，YouTube、Go90、Fullscreen 和奈飞看起来是相似的，实则存在差异。YouTube 和 Go90 的收益是基于广告，奈飞和 Fullscreen 则不同，它们的收益来自定额收费制度。

另外，收购 Fullscreen 的 Otter Media 是切宁集团（Chernin Group）和电信公司 AT&T 的合资公司。从这点来看，Fullscreen 处于电信公司和 MCN 的多重利益关系之中。也可以说，它和威瑞森公司的 OTT 服务平台 Go90 的处境相似。

Fullscreen 通过自建的收费模式平台，为旗下创作者所创作的电视和电影节目提供服务，例如，格雷丝·赫尔比格和汉娜·哈特（Hannah Hart）出演的《伊莱卡女侠与戴娜少女》(Electra Woman and Dyna Girl)，莎娜·马尔科姆（Shanna Malcolm）的 Filthy Preppy Teens 等。Fullscreen 每月提供 800 小时新的内容服务。

该平台并没有止步于提供视频流媒体服务，它还对探索社会功能方面表现出了兴趣。例如，当我们观看视频时，可以将有趣的画面截取成 GIF 格式，将视频做成各种表情包。这些表情包被 Fullscreen 的其他用户看到后，大家互相点赞，并转发到 Facebook、Twitter、Tumblr 上。从战略上看，这是以十多岁青少年为目标的转发和病毒式传播战略。

Awesomeness TV

与其他 MCN 机构相比，Awesomeness TV 的发展可以说是如同其名字一样"令人惊叹"（awesome），这是因为它的触角延伸到了服装业务和虚拟角色业务，大大加快了发展速度。2014 年 4 月，Fullscreen 新设客户产品开发事业部。9 月，成立名为 s.o.r.a.d 的服装品牌。s.o.r.a.d 是 Awesomeness TV 上的高人气创作者"Make up by Mandy 24"和莉亚·玛瑞·约翰逊（Lia Marie Johnsan）设计的复古经典风时尚品牌。这两位创作者为了推广品牌，制作了名为"s.o.r.a.d 轶事"的视频，在 YouTube 上推广品牌故事。品牌得以维持的购买力来自以 YouTube 粉丝为主的粉丝群体。不仅如此，Awesomeness TV 还创立了以 20 岁以下人群为受众目标的女性服装品牌"In awe of you"，并宣布已入驻美国梅西百货等著名百货商场。

不出意外，Awesomeness TV 将资源充分利用在了服装业务上。时尚创作者"梅里尔双胞胎姐妹"（Merrell Twins）担任品牌模特，通过向旗下创作者提供服装赞助进行推广宣传。

Awesomeness TV 相关人士称："原创频道、打赏、其他创作者账号综合在一起所获得的收益比经由视频内容获得的广告收益更多。"一言以蔽之，Awesomeness TV 的收益多元化行动正平稳推进中。

当然，这并不代表 Awesomeness TV 抛弃了原本的内容业务，其在内容制作方面同样在开展多元化战略，拓宽传播路径。2015年3月，Awesomeness TV 和 Film 360 合作，出品了电影《老铁们》（Shovel Buddies），一跃进入原创内容市场。此外，还向付费有线频道"尼克儿童频道"提供真人秀节目，向奈飞提供原创系列情景喜剧《财神当家》(Richie Rich)。

Bebo

Bebo 自有其特点，其战略自始至终围绕着基本业务开展。作为一家音乐 MCN 机构，Bebo 持续在 YouTube 频道上开展音乐广播业务，并扩展至演出业务领域。它和歌手经纪公司 Made Music、牛奶工作室（Milk Studio）、Rex Media 携手，独家提供旗下歌手的 MV 作品，并提供知名歌手的现场直播服务。

另外，Bebo 还与有潜力的歌手直接建立赞助关系，帮助其举办自己的音乐会。一言以蔽之，相较代理模式，Bebo 更倾向于直接操盘。Bebo 将自身拥有的音乐资源发挥到最大限度，以求稳定地扩张相关业务。

Machinima

Machinima 以男性用户为主要受众群体。2016 年 3 月发布了《街头霸王 5：街机版》(*Street Fighter V Arcade Edition*) 预告片。《街头霸王 5：街机版》是以 CAPCOM 的街机版对战动作游戏为背景的网剧《街头霸王：暗杀拳》的续集，现在在 Go90 平台播放。

该预告片在 YouTube 上也可观看，我的观后感很直接——这就是一部电影。

该网剧的动作并非由电脑制作,而是由真人演员表演,而龙的波动拳、古烈的音速爆破等主要角色的必杀技则通过使用电脑特技来表现,以让人切实感受到 MCN 机构出品的网剧的品质已达到了电视台或电影制作公司的水准。除了威瑞森公司,Machinima 还与 Vimeo、贝塞尔(www.vessel21.com)等视频平台,以及 OTT 企业签订部分内容专供合约,以扩大传播渠道。

投资未来的 MCN

前文详述了数家全球化 MCN 机构的最新业务模式,MCN 机构在创立初期,都是以与 YouTube 合作的方式来开展业务。针对 MCN 的成长可能性,全球传统媒体企业和电信公司果断出击。尽管 MCN 业务是 YouTube 的衍生业务,但在业务的扩展上举足轻重。如果说 MCN 业务的发展一直受 YouTube 生态体系的制约,就不会完成这么多成功的融资。全球化 MCN 机构之所以要去 YouTube 化,可视作由于单一平台已难以容纳业务的可持续发展,在行业发展千钧一发之际的一次尝试。

以去 YouTube 化为起点,MCN 机构有的向多平台提供内容,有的自己运营平台,有的推出了服装品牌,偶尔也以电影制片公司的身份推出以内容创作者为主角的原创系列影片。也有 MCN 机构和本田、丰田等国际汽车制造商合作拍摄电影，和美宝莲等国际化妆品牌携手开展品牌营销。全球化 MCN 机构的业务模式已稳健地向前迈进了一步，它们被公认为市场的主要玩家，而不是市场"新人"。

进入 MCN2.0 稳定阶段的全球化 MCN 机构，原汁原味地再现了传统媒体企业所做的业务扩张。从这个角度来看，MCN 和传统媒体相比，已经不是什么新模式了。可以说，虽然存在一些威胁传统媒体的看法，但 MCN 被认为是传统媒体的千禧一代版本，而不是颠覆传统媒体的替代品。也正因为如此，传统媒体企业和 MCN 机构的步伐终究是一样的。它们将在终点相遇。

传统媒体的强者以及 MCN

特别命令——留住千禧一代

手机端的内容消费主要由千禧一代拉动。比起坐在沙发上和家人看电视,他们更喜欢在自己的房间里消费手机内容。对传统媒体、电信公司来说,虽然现在是千禧一代的父母在为千禧一代的服务付费,但也无法忽视千禧一代的影响,因为千禧一代就是它们将要迎来的主要客户群体。简而言之,千禧一代就是它们接下来的衣食父母。

2015 年的美国网红节(VidCon)的分析资料显示,在新媒体的主要使用人群中,千禧一代(16~34 岁)人口数量占全部人口的 25%;到 2025 年,将其下一个年龄层的人也包含在内,这一比例将达到总人口的 75%。

归根结底,传统媒体正面临双重课题:在服务于当下的金主——中老年人群的同时,也要吸引未来的金主——千禧一代。

我们可以推测，近几年传统媒体正从 MCN 那里寻求解决之道，它们似乎将 MCN 视为面向未来的投资。不过比起亲身跳入 MCN 的海洋中，它们选择和既有的 MCN 的主要玩家建立关系，部署战局。无论是以合作的形式还是斥巨资投资收购，都在以多样的方式向 MCN 机构抛出橄榄枝。

Watchable，康卡斯特的旗帜

康卡斯特是美国最大的网络服务提供商。2015 年下半年，康卡斯特推出了视频平台 Watchable。作为 Facebook、YouTube 的竞争对手，Watchable 呈现出试图抓牢千禧一代的趋势。康卡斯特通过业务和技术信息网站"商业内幕"（Business Insider Inc.）提供能够留住千禧一代的内容。

Buzzfeed、VOX、Awesomeness TV、洋葱新闻、Refinery29 等与 MCN 机构签订了内容供应协议，媒体方案公司 Vice Media、体育媒体 NBC 体育也参与了其中。Watchable 的优势在于有线用户数。2016 年，Watchable 只限于向订购型视频服务 Xfinity X1（Comcast 旗下的电子数字服务，类似中国的数字付费电视）机顶盒（2010 年普及）的客户提供内容，但计划今后也会向现有的机

顶盒用户提供内容服务。数千万康卡斯特用户将能够轻松地通过电视消费 Watchable 的内容，不得不说，这对 YouTube、Facebook 是一个威胁。

康卡斯特的表现可以说是相当成功的。它的目标是在做好迎接千禧一代工作的同时，通过 Watchable 成为美国最大的视频广告公司。这样的战略可以说要归因于美国有线广电公司之间激烈的竞争布局。身居美国有线广电公司排名第四的特许通信公司（Charter Communications）收购了居于第二位的时代华纳有线，紧追第一位的康卡斯特。人们猜测，康卡斯特应该也嗅出了其中的危机感，为了防守，它采取了与其市场地位相称的重大举措。2016 年 5 月，康卡斯特以 38 亿美元的价格收购了梦工厂动画公司。有线电视公司注资电影公司，尤其是动画公司，这令人惊讶。但从另一方面看，康卡斯特收购梦工厂是具有双重乃至三重布局深意的战略。

我们从 OTT 服务的视角来看，收购持有 Awesomeness TV 51% 股份的时代华纳，可以说是锁定了 Awesomeness TV 的内容。

从电影和动画业务的角度来看，我们可以这样解读。康卡斯特将创作了《神偷奶爸》《小黄人》等流行作品的环球影业收入自己门下，又将创作出《功夫熊猫》《马达加斯加》《怪物史莱克》等热门作品的梦工厂也收入囊中，可以说在动画领域打造出了一个可以与迪士尼–皮克斯相媲美的强大对手——环球–梦工厂。

总而言之，随着 Watchable 的创立，康卡斯特也开拓出直接获得电影内容、MCN 内容供应的渠道，成为新媒体市场备受瞩目的强者。

Go90，威瑞森的旗帜

作为媒体平台运营商，美国的通信公司为了保住市场份额，进行了许多尝试。AT&T、威瑞森、T-Mobile 是美国通信市场的三大玩家。

视频内容不再只有电视台可以提供。随着这个常识被打破，产业之间的界限逐渐坍塌，跨产业协作也变成了常态。在这样的市场潮流中，通信公司试图构建媒体平台，是对下一种收益来源思索的结果。

据思科公司分析，美国移动视频流量年均增长率为 53%，有望从 2014 年的月均 317.8PB（1PB=1024TB=1 048 576GB）升至 2019 年的月均 2.7EB（1EB=1024PB）。

这种流量增长的主要驱动因素来自移动视频内容消费的增长。

就电信公司来说，伴随着流量增长的视频内容意味着行业下一代的收入来源，关键区别在于是仅仅旁观视频内容服务的企业，还是亲自下场玩一把。

从威瑞森的动作中我们可以看到对这个问题的回答——它最终亲自参与了这场游戏。威瑞森创立了 Go90 平台，摇身一变成为 OTT 企业，成了 Watchable 的直接竞争对手。

威瑞森于 2013 年收购了数字流媒体公司 Uplink，之后又在 2014 年 1 月收购了英特尔的媒体业务团队"英特尔媒体"。2015 年 2 月，威瑞森将佛罗里达州、加利福尼亚州和得克萨斯州的有线通信业务转让给了当地电信企业"前沿通信"，出售金额达 150 亿美元。威瑞森当时表示，出售原因是购买周期、偿还债务等，但市场普遍认为它正在转向以线上业务为基础的行业。

威瑞森势如破竹的收购活动并不止于此，它还陆续收购了媒体内容和在线广告公司"美国在线"（American Online）以及移动广告公司千禧传媒（Millennial Media）。威瑞森消费者产品与营销业务高级副总裁布莱恩·安吉奥莱特（Brian Angidet）曾说道："千禧一代中有 41% 的人不收看有线电视，是'剪线一族'。"所谓"剪线一族"，是指比起有线电视，更喜欢收看无线流媒体服务的用户。布莱恩表示："在充斥着千禧一代喜爱的内容的平台上，有着新的商机。"

正如他所讲，威瑞森积极投入到实践中。2014—2016 年间，威瑞森经历了为运营线上视频平台做准备的收购、兼并以及出售等过程，于是，集移动 OTT 服务和视频平台于一身的 Go90 于 2015 年与市场见面了。

Go90 聚集了众多千禧一代喜爱的内容作品，而且 Go90 对所有人免费，不论对方是不是自己的客户。当然，其广告收入和数据使用费完全足以支付服务运营费。只要观众（内容消费者）不离开平台，就可以规划和开展许多衍生业务。

威瑞森在创立 Go90 的七个月之前，就和 Awesomeness TV 签订了年均 200 小时以上的内容供应协议。再加上 2016 年 4 月经由梦工厂取得的 Awsomeness TV 的 24.5% 的股份，Awsomeness TV 目前处于被多家市场竞争者分散持有股份的复杂状况。

随后，威瑞森与 Maker Studio 签订了原创系列制作合同，和 StyleHaul、迪派传媒、泰斯特制造、Fullscreen 等粉丝群体雄厚的全球化 MCN 机构成为合作伙伴，又从 Machinima 处拿到了五部《街头霸王》的独家供应权，并于 2016 年 3 月正式推出。

MCN 超越 YouTube，走向更大的生态系统

当下，MCN 成了带领新媒体行业前行的领头羊，而这背后的推手是 YouTube。但现在，在去 YouTube 化的旗帜下，正掀起脱离 YouTube 的大浪潮。严格来讲，与其说"脱离"YouTube，不如说是"不只停留在 YouTube 上"。也就是说优质内容的流通不只依赖于 YouTube，也可以通过传统媒体、通信公司、OTT 平台扩大影响，获取附加利润。

这一举动当然会使 YouTube 变得紧张。这意味着，人气创作者的内容在 YouTube 以外的其他平台上也可以看到。和 YouTube 几乎雷同的视频平台 Dailymotion［法国威望迪环球集团（Vivendi）所有的一家视频共享网站］、Vimeo［一家视频共享网站，2004 年 11 月由扎克·克莱恩（Zach Klein）和杰克·洛德威克（Jake Roadwick）创立，其特色是提供高清画质的视频服务］自然成为其竞争对手，其他竞争者也日渐增多。

Facebook、亚马逊也在积极争取 MCN 内容创作。雪上加霜的是，创作者们甚至开始进军电视节目领域，以扩大影响力。

为了抓住日渐远去的创作者，YouTube 也实施了多种支持战略，其中具有代表性的是 2012 年开放的 YouTube Space。这里不

仅有设备齐全的摄影室、录音室、编辑室、化妆室，而且还举办关于频道运营的研讨会等，还为行业与从业者提供会议场所，提供软硬件双重支持，这就如同一个"创作者综合大礼包"。2015年，继日本之后，YouTube在印度孟买也设立了这样的工作站（亚洲第二家、全球第七家）。

作为OTT业务的代表性企业，奈飞的境况如何呢？此前奈飞以电影或电视剧为主要内容线，近来致力于独家授权的内容业务。例如，2015年，顶级YouTube创作者伊恩·席克斯、安东尼·帕迪利亚出品的搞笑片《Smosh：大电影》(*Smosh: The Movie*) 只能在奈飞上看到。

从线上书店起家的全球最大购物网站亚马逊为了能进入MCN领域，也在苦苦挣扎。2015年6月，亚马逊和一家为进行MCN应用开发及内容制作提供支持的视频公司"前滩"（Beachfront Media）签署合作关系，为世界级YouTube内容创作者米歇尔·潘（Michelle Phan）创建了在线应用程序Icon。米歇尔·潘凭借美妆视频在2015年的收入达到了300万美元。

亚马逊正进行多样化的尝试，试图把在线商务的优势结合到媒体内容上，即媒体社交。美妆秀节目*Style Code Live*就是其一。它采用电视购物的形式，三名主持人一边进行现场脱口秀，一边展示产品，观众可以实时下单购买产品。此外，为了和奈飞等平台竞争，亚马逊推出了更多样化的内容，不断追逐市场的潮流。

曾在市场上占据垄断地位的传统媒体、通信公司、在线商家、内容企业等正脱离 YouTube，向着更广阔的生态系统扩张。这意味着它们进入了一个相当巨大的经济体系中，投入到了竞争丛林中。

由此来看，创作者和 MCN 的重要性将逐步扩大。可以说，企业的成败与否取决于其需要什么样的创作者，以及与什么样的 MCN 合作。在这其中，MCN 开发出了多样化且可扩展的收益模型，并在市场上亮相，以此来试探市场表现。

今后，不论是平台方还是 MCN，抑或是创作者，都将经历数不清的起起落落。不论是哪个行业，初期要想在市场上寻得立足之地，都要经历一个困难的过程，MCN 正处于这样的一个过程中。关于未来 MCN 究竟会以怎样的姿态在市场中存活下来的疑问的讨论也十分激烈。

MCN 是变色龙

前文，我们以先进市场和全球化 MCN 机构为中心讨论了

MCN 的业务动态及进化过程。MCN 与当初的"多频道网络协作"（multi channel network）相比实现了巨大的扩展，它已超越 YouTube 进入多个平台，变成了"多平台网络协作"（multi platform network，MPN）。

MCN 机构也有向许可创收的工作室、媒体机构发展的倾向。它们一边为创作者提供支持，一边输出优质的内容，同时也推行在电视、无线广播、线下卖场等场合消费内容的上游化战略，并通过充分发挥创作者的人气来创立品牌、发行专辑、出版书籍等多种其他活动，推行更具综合性的管理战略，即 MCN 对创作者进行全方位包装，就像艺人娱乐公司一样，因为创作者的快速成长能给 MCN 带来收益。从这一点来看，我们可以把 MCN 视为"多元创作者协作"（multi creator network）或"多元内容协作"（multi contents network）。

社交很有可能成为 MCN 今后应关注的领域。与产品直接或间接相关的内容制作，肯定会灵活发挥创作者的影响力，并被运用到商机中。从这个角度来看，MCN 就是"多元商业协作"（multi commerce network）。

正因如此，MCN 就像变色龙，可以根据周边环境的颜色来改变自身的颜色，很难用一个定义性的词语来表达。虽然这可能意味着很难给出一个行业定义，但也可以认为它适应了瞬息万变的内容消费趋势，进化成一种随时可以自我优化的姿态。

从 MCN 多变的业态中，我看到了广告行业和社交行业的未来。我个人认为，对于 MCN 的未来，这是一个非常重要的定位。MCN 内容开始被企业看作重要的营销手段并积极运用，MCN 机构正在向广告媒体、广告制作、社交领域拓展。

全球化 MCN 机构 Maker Studio 在 2015 年创立了广告方案服务企业 Maker Select，这是一种售卖广告的系统。它自身拥有的 YouTube 频道有 5.5 万个收视数据，依据专业市场调研机构尼尔森和其他社交媒体提供的各种数据指标分析信息并出售广告位。将广告商提供的信息作为参考指标，Maker Studio 对自身持有的内容、品牌或商品进行恰当性评估。通过 Maker Select，广告商可以购买频道或内容空间来投放自己的广告。

为加强广告销售业务，Maker Studio 还与网络视频分析公司 Open Slate 建立了伙伴关系。Maker Studio 除了出售投放广告的空间，也自己制作广告。当然，广告制作由创作者负责。他们制作的广告形式主要是本地广告、名人效应广告等。

韩国各广电公司从 MCN 身上寻找未来

公共广电行业和有线广电行业在瞬息万变的内容市场中正面临困境。人们更多的是通过电脑或移动设备获取内容,而不是坐在电视机前。观众的减少必然带来收益的下降,高成本的广电节目制作大环境能否得以为继,也是一个值得思考的议题。

电视台的主要收益来源是出售广告,其急剧下降的程度超乎想象。2016 年第一季度韩国三大电视台的广告销售额约为 3000 亿韩元,被称为"网络巨龙"的 Naver 在这期间的广告销售额为 6700 亿韩元。

网络行业中广告销售的持续增长,必然会导致电视台的广告销售额下降。新媒体的出现一方面使整个广告市场的规模变大,另一方面,如果新出现的媒体实力变强必然会导致旧媒体的广告被抢走。如果市场的广告规模未能实现突破性的增长,很可能会发生一方扩张而另一方被压缩的气球效应。

KBS 外包制作公司的一位负责人向我透露,仅仅一两年前,在网站视频上投放广告的情况还很少见。然而,现在广告商的看法也发生了变化。随着网络媒体的影响力变得越来越大,YouTube 创作者的影响力也随之增大。预计今后他们将获得更多观众，以多样化的形式进行交互，快速地创作出观众想要的内容。俗话说"水往低处流"，广告会流向人群聚集的地方。这就是广告商越来越向 YouTube、Afreeca TV、Facebook 等新媒体频道靠拢的原因。

最终，适应了既有的广电体系环境的外包制作公司无法承受越来越低的制作费，只能快步转移到基于网络的节目上来。

因为感觉到了危机，公共电视台于 2016 年对新媒体做了新的接触尝试。韩国 SBS 电视台通过组织改制建立了负责 MCN 的部门。据了解，该部门对 MCN 机构制作的内容进行分析，并结合自身的业务可行性进行内部研讨。SBS 电视台运营了"Subusu News""VideoMug"等五个 Facebook 账号，制作贴合移动时代需要的内容。

MBC 电视台引入了与 Afreeca TV 现场直播形式类似的节目，如《我的小电视》(*My Little Television*)。

KBS 电视台也不甘落后，打着"Yettie Studio"的旗号正式进军 MCN 行业。计划仅 2016 年就新挖掘 50 个频道、每周三直播 1 小时。为能实现内容共创，还决定与宝藏猎人合作制作内容。

综合频道 JTBC 也推出了 MCN 内容。JTBC 的主持人张成圭以挑战"单人节目"概念的方式，向韩国内外的知名创作者传授节目经验技巧，这就是《张成圭：了不起的电视先生》。截至2016年6月，YouTube上该栏目的粉丝尚不足100人，我对其是否借用了电视台的媒体综合影响力有怀疑。

事实上，传统媒体有长期积累的内容制作方面的经验，只要抓住要点，不难找到MCN业务的出路。无论是MCN还是传统媒体，摆在它们面前不变的课题只有一个，那就是制作能够吸引观众的内容。只不过它们一直都只是按照自身平台的特点制作符合其平台的内容。从这个角度来看，两者其实位于同样的位置。

既有适合舒服地坐在沙发上，通过电视悠闲地享受的电视剧类内容，也有适合在移动的同时抽空享受的十分钟网络剧和三五分钟的快餐视频。不同平台传播的内容类型不同，其受众就有所不同，视听形态也就不同。

站在传统媒体的立场上看，想要进入MCN领域就要先对自身持有的资源进行分析。如果手中有人气系列产品，可以以此为跳板，制作前传、续集等，或是抓住曾在系列中出场的人气场所、服饰、美食店等卖点，制作短小的快餐类衍生内容。

而且，最重要的一点是，传统媒体特别是广电公司不是被称为大众媒体吗？它们仍然拥有强大的媒体力量，可以使用这个媒体力量来设置初始化内容。

此外，也可以制作只能在 MCN 平台上观看的原创内容，或与 MCN 机构携手合作。美国康卡斯特公司和威瑞森公司分别成立了 Watchable、Go90，将以原创内容为代表的全球 MCN 机构的内容推广为"他山之石"。

韩国游戏公司对 MCN 垂涎欲滴

游戏公司 433（又称四点三十三分）通过向宝藏猎人注资 27 亿韩元、向 72 秒（72sec）注资 7 亿韩元的方式，向 MCN 行业积极示好。

2016 年，它又成立了游戏类专业 MCN 奥斯卡娱乐，拿到了 KakaoTalk 的 20 亿韩元投资。奥斯卡娱乐拥有一批在游戏内容方面颇具能力的创作者。身为英雄联盟、FIFA online3、冒险岛、突击风暴等知名游戏的代表性玩家及推广人的创作者们已经拥有拿下 Afreeca TV 播放大奖，并创下线上个人节目同时在线观看人数最高纪录的实力。

据称，奥斯卡娱乐向他们提供个人演播室、内容分析、个人独家主播、日程管理等体系化经纪系统。

韩国游戏界的强者 Netmarble、Nexon 也觊觎着 MCN 市场。Netmarble 以为年轻人提供实习的方式选拔未来将会被纳入自己旗下的创作者，并通过这种方式试运行 MCN 团队。Nexon 与游戏类专业 MCN Kongdoo 公司旗下的创作者合作，积极推进游戏营销。

音乐内容公司 LOEN 娱乐也通过实习选拔的方式制作适合 MCN 的内容，并通过这种方式检验引入 MCN 业务是否合适。

打破界限的 MCN

Maker Studio 不再用 MCN 这个词来定义自身。它将自己强调为一个集玩家、朋克明星、时尚达人、体育明星、怪才等各种人才的内容制作工厂。

Maker Studio 被迪士尼收购后，推出了一系列利用迪士尼品牌的方案。创作者们可利用热门的漫威系列、迪士尼动画、ESPN 内容制作出融合内容。例如，ESPN 在其运营的 *X Games* 节目中邀请了最好的极限运动选手与 Maker Studio 旗下的创作者一起参与。

Machinima 也加入到了 MCN 内容制作中，而且已经开始制作电影、原创内容，正在从传统媒体向新媒体跨界。它们制作的网络电视剧《街头霸王》系列已被誉为殿堂级作品。担任《街头霸王》导演的乔伊·安萨（Joy Ansa）曾于2010年制作过在YouTube上成为话题视频的《街头霸王传奇》。他已连续制作了《街头霸王2：天下斗士》《街头霸王：暗杀拳》，还推出了《街头霸王：复活》。

如上所述，MCN内容领域的扩展过程是从原来以YouTube为根据地的阅后即弃型快餐内容，到与传统媒体的内容自然地融为一体。虽然从预算上将内容分为小制作和大制作，但两种内容之间的差距在日渐缩小。这样一来，中等程度预算的策划将失去竞争力。尽管仍然有人会从那些既有创作者的快餐型内容中找到乐趣，但快餐文化有很强的挥发性，无法保证源源不断的收益，这使其最终无法成为可持续的业务。

MCN，创造无尽的商机

在电影《内在美》（*Beauty Inside*）中，主人公每天早上起床醒来，都会换一张面孔。MCN的现状就是如此。目前为止，新内容业务领域尚未形成清晰的模样，很难斩钉截铁地用一句话来给它下定义。

值得一提的是，由于 MCN 植根于每天急剧变化的 IT 内容业务之中，要用一个词来定义它还需要很长的时间。

如果给 MCN 下个临时定义，可以将它看作顺应市场潮流的多元频道网络、多元创作者网络、多元内容网络、多元商业网络、多元平台网络。

从这个角度来看，MCN 并非蚕食或取代原来的媒体市场，而是打造适合移动时代的原创者和观众的需求的内容，并使内容在各种平台上传播。

可以预见，MCN 将不会局限于媒体本身，而是会与诸多行业结合，创新出丰富多彩的业务形式。我们相信，这些举措将促使传统媒体、游戏公司、音乐内容公司有更多动作，催生出新的产业生态系统。

第 2 章

主播与他们的内容

全球化主播的收入情况

收入最高的 7 位 YouTube 主播

美国《福布斯》杂志于 2015 年介绍了 10 位收入最高的 YouTube 主播。他们活跃于欧美国家地区时尚、美妆、游戏、喜剧、音乐等领域，都因非凡的策划能力和口才而拥有众多粉丝。他们利用在 YouTube 上积累的名声，进军电影、唱片发行、化妆品等领域并开展商业活动，由此也可预见 MCN 的发展方向。让我们来看一下这 10 位主播中最具代表性的 7 位吧。

PewDiePie

PewDiePie，瑞典人，原名费利克斯·谢尔贝里（Felix Kjellberg），2016 年时 27 岁。作为专业游戏主播，他在全球拥有数目庞大的 10~20 岁粉丝群体，2015 年赚了 1200 万美元。2015 年底，其 YouTube 粉丝突破 4000 万大关。此后，其粉丝以每月 100 万的速度增长。其 YouTube 点击量累计超过 120 亿次，平均每天的点击量达 1000 万次。

直播中，他友好地称呼观众为"bro"（兄弟）。视频末尾，他总是两拳微微对碰，向观众做出"兄弟拳"（Brofist）的姿势，高呼加油。黄头发、耳麦、胡须、兄弟拳成了他的标签。

在玩《半影》系列、《失忆症》《半条命：恐惧之泣》《行尸走肉》《死亡空间》等恐怖游戏、动作游戏或独立游戏时，他时而爆粗口，时而大吃一惊，甚至还会激动得跳舞。优秀的口才是他最有力的武器。他在视频中给人留下的印象是胆小却喜欢恐怖游戏。他经常在玩游戏的时候被惊吓地大喊大叫，观众们看到他这个样子都忍俊不禁。或许正是这种毫无掩饰的直率，吸引了众多观众。至于主播本人究竟是个胆小鬼还是个"戏精"，我们不得而知。但无论如何，观众对于他的率真产生了共鸣。

PewDiePie并非一开始就很受欢迎。就像其他游戏主播一样，在上传《我的世界》和《死亡空间 2》等游戏视频时，他还表现得一般。但是在 2011 年，随着《半影：序章》引发广泛话题并在电视上播出，他又上传了玩恐怖游戏的实况录像，就这样瞬间人气爆发。

从此，他明确了自己的方向，2012 年他终于有机会成为 Maker Studio 旗下的主播。不得不说，他抓住了一个坚实的后盾。

Smosh

Smosh 是由同在 1987 年出生的伊恩·席克斯（Ian Hecox）和安东尼·帕迪亚（Anthony Padilla）于 2005 年创建的 YouTube 频道，2015 年以年收入 850 万美元排名第二。

他们主要发布长度为 2~5 分钟的模仿搞笑电影和电子游戏场景的视频。他们还在 2007 年 YouTube 视频大奖上凭借《Smosh 短片 2: 标准》获得了最佳喜剧奖。

Smosh 在 YouTube 上的第一个视频大获成功后，迅速聚集了大量粉丝。他们将《宝可梦》主题曲做成对口型版，播放量超过 1000 万次，甚至成为 YouTube 上播放量最多的视频之一。但后来由于版权问题被删除。

2010 年，为了小小报复一下之前侵权被删的事，他们将对口型版《宝可梦》主题曲又改成恶搞版，重新上传，而这个视频的点击量也达到了 2800 万次。

Smosh 是一个 YouTube 原创频道，拥有超过 2200 万粉丝和 55 亿次累计播放量。除了主频道之外，根据视频的性质或主题的不同，它还设有 Smosh2、Smosh 游戏等多个频道。

Smosh 原创频道会推送具有强烈冲击力的搞笑小视频，Smosh2 频道会推送原创频道在制作时的幕后花絮、NG 场景或其他日常。Smosh2 频道也拥有超过 500 万的粉丝。

除《宝可梦》之外，他们还制作了《塞尔达传说》《马里奥》等游戏恶搞视频。自 2015 年上半年起，他们请自己的朋友作为固定嘉宾，表演短剧。

以"食物之战"而为人所熟知的"食物对决系列"也是声名

在外。该视频自 2006 年起每年都播出。这是一系列无厘头的视频作品，通过在自己选定的某种食材上进行莫名其妙的实验来一决胜负。

此外，他们还制作了《Smosh 好无聊》《Smosh 与快递时间》等节目，并在 2015 年 7 月 24 日推出了名为《Smosh：大电影》的影片。该作品于同年 8 月 22 日在 iTunes 和 Vimeo 上以 9.99 美元的价格出售。之后，奈飞取得了该作品的独家播放权。

目前，Smosh 隶属于全球化 MCN 机构——DFI 传媒，不仅在 YouTube 上活跃，还尝试了一些在传统媒体和新媒体之间跨界的动作，比如出演电影等。

Fine Brothers

Fine Brothers 是由制作人出身的本尼·法恩（Benny Fine）和拉菲·法恩（Rafi Fine）兄弟创办的频道。他们与其他主播的不同之处在于，本人并不亲自出镜，而是挑选其他人来完成作品。2015 年，他们以 850 万美元的年收入与 Smosh 并列第二。

他们从 2004 年开始制作视频，那时候 YouTube 还未诞生。2007 年，他们在 YouTube 上开设账号，正式走上了主播的道路。他们的视频以搞笑、广告模仿为主，最有名的系列作品是观众参与型视频——React 系列。

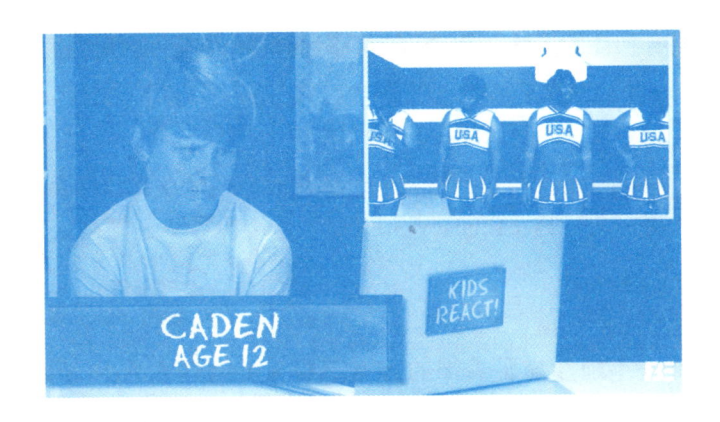

React 的意思是"反应"，Fine Brothers 针对某个情况或话题，按不同年龄段制作"儿童 React""青少年 React""成人 React"等多个系列，其中"青少年 React"最受欢迎。参加这类节目的人被称为反应者（reactor），节目吸引了很多人报名。

他们发布了"反应世界项目"（React World Project），其核心在于：由于 React 形式是自己开创的，因此"React"这一名称和使用权属于自己。如果他人使用该形式制作视频，则要将在 YouTube 上产生的收益的 50% 作为使用费。随后，许多知名主播带头指责，全球 IT 专业媒体 Mashable 也对此事进行了报道。

当消息传开后，该频道的粉丝急剧流失。2016 年初，粉丝人数从 1410 万下降到 1360 万，各种抗议层出不穷，如在视频下方点"不喜欢"的人比点"喜欢"的人多。最终，他们于 2016 年 1 月初发表了道歉。Fine Brothers 的这出闹剧也给了大家一个教训，即使拥有超高的人气，也会因为一时的判断失误而瞬间失去粉丝。

林赛·斯特林

林赛·斯特林（Lindsey Stirling）是小提琴家、舞蹈家、表演艺术家和作曲家。

2010 年她参加了美国的选秀节目《美国达人秀》（America's Got Talent）第五季，并一路闯进四分之一决赛。她伴随着嘻哈的热舞步，一边进行电子小提琴演奏，一边表演芭蕾动作。因突破性的表演，她被称为古典音乐界的 Lady Gaga。

她在 YouTube 上发布了名为 Spontaneous me 的 MV，反响不错，于是在 2012 年发行了首张专辑 Lindsey Stirling。这张专辑登上了美国舞蹈排行榜、电子音乐排行榜和古典音乐排行榜的榜首。收录其中的 Crystalize 在 YouTube 上的播放量达到了 4200 万次，在 2012 年点击率最高的视频中排名第 8 位。

在第二张专辑 Shatter me 发行之后，她于 2015 年 3 月举行了为期 10 天的访韩演出。她说她喜欢韩国文化和韩国流行音乐。专辑 Shatter me 收录的歌曲 V-Pop 就完整融入了韩国流行音乐的元素。

除了自己创作歌曲外，她还进行翻唱，曾上传《刺客信条 3》《最终幻想》《塞尔达传说》《指环王》《宝可梦》等能够吸引玩家和发烧友的歌曲。这些作品大受欢迎，其中，翻唱《指环王》的视频的播放量超过 3500 万次，翻唱《塞尔达传说》的视频的播放量超过 2800 万次。

2015 年她以 600 万美元的年收入在 YouTube 主播中排名第 4 位。她还出版自传，与游戏公司 Maxplay 合作，涉足手游《Pop Dash》业务，是一位业务路线很宽的主播。

Rhett & Link

Rhett & Link 是由雷特·詹姆斯（Rhett James）和查尔斯·林克（Charles Link）创建的频道。他们分别出生于 1978 年和 1979 年，在主播中年龄偏大。两人从北卡罗来纳州立大学毕业后，一直从事工程师职业，2006 年开设频道，成为专业 YouTube 主播。2015 年入账 450 万美元，位列 YouTube 主播收入排名第 5 位，时隔10年再次跻身顶级行列。

Rhett & Link频道的粉丝数和累计点击量分别是410万和6亿次左右。两年后开设了"神奇的早晨"（Good Mythical Morning）频道，粉丝数超过1000万，累计点击量也达到24亿次，其人气高于原创频道。该频道以脱口秀、新闻节目的形式展现日常生活，将观众的故事拓展为节目主题，并进行搞笑实验等，节目形式灵活多样。

他们的收入大部分来自广告，获得了来自吉列（Gillette）和丰田公司的赞助。为裂变式宣传产品，他们制作了视频和MV。2016年5月，Rhett & Link的视频中观看次数最多的是《Rap大战：学霸 vs. 极客》（*Epic Rap Battle: Nerd vs. Geek*），播放量超过了3000万次。

KSI

KSI 是尼日利亚裔英国人，也是一位非常受欢迎的 YouTube 主播。其原名是 Olajide Olatunji，除了 KSI 频道之外，还有以他名字命名的 KSIOlajidebt 高清频道。作为专业游戏主播，KSI 的原创频道拥有 1300 万粉丝。他在频道中玩足球游戏《FIFA》，并配上妙语连珠的解说。

KSIOlajidebt 高清频道发布他玩休闲、街机和恐怖游戏的视频，有 430 万粉丝。2015 年入账 450 万美元，并列 YouTube 主播收入排名的第 5 位。

KSI 除了发布游戏视频外，还发布日常视频、模仿视频、说唱对决等视频。因为对嘻哈也有兴趣，他还发行了唱片。2012 年发布的 Sweaty Goals 在英国排行榜上排名第 68 位，在 iTunes 排行榜上排名第 20 位。2015 年 4 月，其创作的嘻哈歌曲《兰博基尼》更是在英国排行榜上排名第 30 位。

米歇尔·潘

截至 2016 年 6 月，米歇尔·潘是拥有 850 万 YouTube 粉丝的化妆师。她通过化妆变身为安吉丽娜·朱莉、Lady Gaga 等著名艺人的视频备受关注。2015 年，她以 300 万美元的年收入位居 YouTube 主播收入排名第 7 名，同年还入选了福布斯"30 岁以下精英榜"。

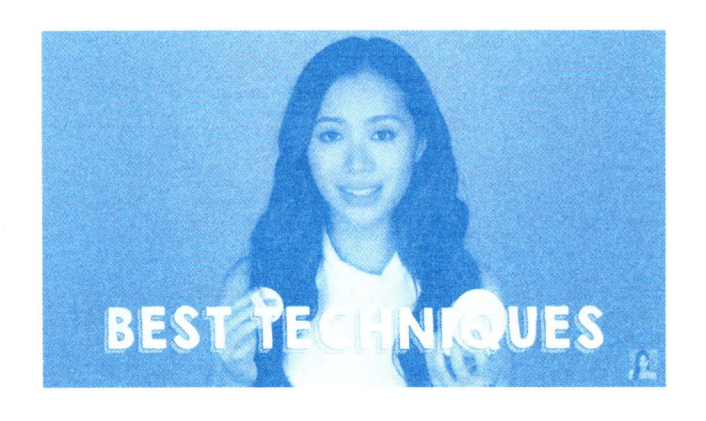

2010 年，世界知名化妆品品牌兰蔻将她招入麾下；2011 年，应 YouTube 粉丝们的邀请，成立了 MyGlam。这是一家购物商务企业，该企业以每月 10 美元的价格将米歇尔·潘使用的化妆品包装成盒进行配送销售。截至 2016 年 6 月，每月有 150 万人使用过这项服务，现在公司已改名为"Ipsy"。

2015年初，她与荷兰内容制作公司恩德莫（Endemol）一起推出了名为"Icon"的服务。通过该服务，粉丝可以共同观看知名时尚美妆主播的视频。米歇尔·潘是内容主播中以YouTube的人气为基础，进军实体商业的代表人物。据说她正准备成为网络漫画作家，不能不说她真的是一位多才多艺的主播。

全球化 MCN 人气原创系列排行榜 TOP10

[2016 韩国釜山国际影视节目展，MCN 国际商务趋势演讲者、Vast 传媒联合创始人马蒂亚斯·普什曼（Matthias Puschmann）的演讲资料]

第 1 名，Electra Women & Dina Girl

一部与犯罪做斗争的概念片，由格蕾丝·赫尔比格和哈娜·哈特出演，翻拍自 20 世纪 70 年代的电视剧。Fullscreen 旗下产品。

第 2 名，Foursome

每季由六个搞笑片段组成，采取主播与观众直接对话的形式。Fullscreen 旗下作品。

第 3 名，How to survive High School

YouTube 首部有剧本的系列影片，始于 2015 年 8 月。Fullscreen 旗下作品。

第 4 名，Part Timers

首部系列长片，Smosh 主演，每季 11 集。DFI 传媒旗下作品。

第 5 名，RIOT

制作从社会话题到喜剧等多种形式的系列视频。Refinery29 旗下作品。

第 6 名，Life Style Goals

　　由恩德莫制作的系列视频。

第 7 名，GLO All In

　　该系列纪录片讲述了一个叫 Glozel 的女主播成为母亲的过程。Awesomeness TV 旗下作品。

第 8 名，100 Things

　　这是一部关于"人生在世一定要实现的愿望清单"的视频。Go90 曾介绍过该系列。DFI 传媒旗下作品。

第 9 名，Clevver Now

　　在威瑞森 Go90 上播出的第一个 DFI 传媒原创系列作品。

第 10 名，Legend Of Gaming

　　翻拍自 2014 年创下 7000 万点击量的人气游戏《传奇 UK》，属于游戏比赛类内容，由恩德莫制作。

中国——规模的力量

中国有中国的特色

2016年2月,中国的《长江日报》刊登了一篇关于一位女性生活方式的文章。该文章的大致内容如下:谭杰(音译),1990年出生,毕业于表演和舞蹈专业。她以自己的日常生活为主题进行个人直播,并称自己为"网络型人格"。谭杰用这个词代替了"主播"一词,是因为这个词囊括了个人特征和社会因素两个方面,借由这个词,谭杰实现了个人品牌化。

每天下午2点到4点,她都会带着智能手机坐公交车进城。她将买衣服或漫步街头的日常生活制作成视频后上传,据称她的收入为每月350万韩元。

在中国,有很多主播每个月能赚数亿韩元,而这个力量来自中国的人口。在中国十几亿人口中,喜欢数字内容的消费者达数亿人,今后也必然会继续增加。热门主播拥有数千万粉丝,视频一旦走红,获得数亿次点击量是家常便饭。

"优酷土豆"被称为中国版YouTube。2012年优酷和土豆的服务合并，2015年被阿里巴巴收购。优酷土豆的影响力是巨大的。例如，2015年JYP娱乐旗下的女团TWICE的MV《优雅地》大受欢迎，当时YouTube的点击量为500万次，而在优酷土豆上的点击量则超过了7600万次。

中国的广电市场分为由卫星电视、有线电视、IPTV等组成的传统广电运营商和优酷土豆等线上视频市场。由于政策限制，IPTV的增长有限。但相较而言，网络、移动平台领域的限制较少。2011年起，在线视频市场以年均40%以上的速度增长。截至2015年6月，在线视频用户达4.6亿人，其中76.08%即3.5亿人通过移动设备观看视频。截至2016年，优酷土豆、爱奇艺、腾讯视频、乐视网、搜狐这五大视频平台企业占据了中国在线视频市场70%以上的份额。

韩国东部证券2015年5月公布的《中国内容企业市场份额》显示，优酷土豆、爱奇艺和腾讯视频的市场占有率分别为21.2%、19.6%和14.1%。作为线上视频平台的前三强，三者合计占比高达54.9%。

网红主播——papi 酱

2016 年初，中国的内容行业传出了非同寻常的投资消息。有消息称，中国的真格基金、光源资本和星图资本联合向 papi 酱投了 1200 万元人民币①，约合 20 亿韩元。这些投资公司的主要投资方向是初创企业，那它们为何会给个人投注巨额资金呢？

papi 酱毕业于中央戏剧学院导演系，是一位女性主播。她凭借 40 部一人分饰多角与自己对话的三分钟视频聚集了大量人气。

截至 2016 年，她在微博上的粉丝量已超过 1500 万，在优酷、腾讯等视频网站上的视频累计播放量接近 3 亿次，每个视频的平均播放量为 753 万次。或许是受她的人气的影响，她在视频中提到的产品、她穿过的衣服据说都会卖断货。

我们再来看一个可以窥探 papi 酱影响力的事例。2016 年 4 月，她拍卖了一张准备投放在自己的单人直播间的广告位，而这个广告位竟然在 7 分钟内以 2200 万元的价格成交。购买者是位于上海的化妆品企业——丽人丽妆。

直到此时，大家才理解了风险资本公司为何破例向个人投资

---

① 相关资料显示，投资方还有罗辑思维。在 1200 万元出资中，真格基金、罗辑思维分别出资 500 万元，光源资本和星图资本分别出资 100 万元。疑原书有误。——译者注

20 亿韩元，它们赌的正是 papi 酱的市场影响力。

网红对经济的影响

近年来，在韩国，人们开始将某些地位不高，或者虽不是艺人但具有社会影响力的个人称为"红人"。而在中国，他们被称为"网红"。"网红"是"网络红人"的简称，这里的"网"是指网络，"红"则是人气很高的意思。所以"网红"就相当于网络明星。

网红们主要利用移动设备进行各种主题的单人直播，比如介绍自己的日常、进行心理咨询、分享兴趣爱好等。随着他们的视频开始受到欢迎，网红们开始对中国的经济产生一定的影响。近来甚至出现了"网红经济"一词。

2016 年 5 月，《第一财经》发布的《2016 中国电商红人大数据报告》显示，网红的商业价值高达 580 亿元（约合 10.5 万亿韩元）。他们的内容产品是视频，如果将这一点与中国的电影销售额相对比则会十分有趣。2015 年，中国电影的相关收入为 440 亿元人民币。有分析认为，2016 年受到网红影响的市场规模（包括电商、广告、付费单品、服务等在内）约为 1000 亿元人民币。

据说，对网红影响力最为敏感的一代是 20 多岁的上班族。他们占全部网红创造的消费量的 50%，尤其是女性网红在化妆品、服装领域曾有巨大的影响力，其影响力正向食品、体育领域逐渐扩大。

中国互联网数据中心的数据显示，截至 2015 年，中国互联网的用户数为 6.7 亿，互联网普及率为 48.4%。据此推测，截至 2016 年 8 月，中国的互联网普及率已超过 50%，比全世界平均水平高出 4 个百分点。

在这种高互联网普及率的推动下，中国的主播生态系统与网购紧密相连。2014 年"双十一"（11 月 11 日），在天猫商城服装领域销售额排名前十名的店铺中，有 7 家是网红经营的店铺。

中国直播平台的角逐

在中国，相比 YouTube 型主播，更多的是和韩国主播形态类似的直播型主播，各平台之间的角逐也相当激烈。直播的代表平台——虎牙可谓是中国版 Afreeca TV。虎牙是中国欢聚时代（YY）推出的视频直播平台。进入 2016 年后，虽然有被后起之秀斗鱼赶超的趋势，但它积极扩张，仅2015年一年的投资额就超过1000亿韩元。

斗鱼从视频点播系统AcFun起步，获得美国红杉资本2300万美元投资，2015年1月雄心勃勃地开始迈出发展的脚步。备足子弹的斗鱼持续进行出击式投资。它以超过100亿韩元的高额费用聘请了虎牙的6名热门主播，由于其行为大胆，吸引了众多眼球。其结果是，2015年斗鱼每日浏览量达4000万次，2016年跻身为中国的三大直播平台。

另一个平台是熊猫直播[①]。该平台的创始人是万达集团掌门人王健林之子王思聪。熊猫直播自2015年7月开始做直播平台，起步资金约为35亿韩元，规模不算大，但致力于引进各国有能力的主播，如引进了负责制作韩国《星际争霸联盟》的导演魏荣光。熊猫直播平台还创办电竞俱乐部，共同运营体育频道乐视TV。

此外，还有以专业游戏直播而闻名的火猫直播及坐拥腾讯游戏独家内容的龙珠直播等。

随着中国直播行业角逐的日渐升温，越来越多的韩国主播将活动舞台搬到了中国。2016年4月，韩国企业thisismedia和中国网易集团联合举办了"中韩主播赛"。网易是中国四大门户网站之

[①] 熊猫直播已于2019年3月30日正式关站。——译者注

一，拥有 7 亿用户，运营着中国的个人直播平台网易 CC（http://CC.163.com）。此次海选将选出入驻网易 CC 韩国馆频道的 10 位主播，吸引了众多韩国主播的关注。最终，获胜者以 3 亿韩元的年薪签订了专属合同，这份年薪绝不是个小数目。

因人气游戏《英雄联盟》代练而名声大噪的业余超级玩家 Dopa 是一位成功在中国站稳脚跟的韩国主播。他目前在虎牙做个人直播，据说每年能赚数十亿韩元。

最近，中国的 MCN 机构正在积极发掘有能力的主播。2013 年成立的 MCN 机构柚子传媒（音译）旗下的主播就超过 1 万名。

根据韩国信息通信产业振兴院（National IT Industry Promotion Agency，NIPA）的资料推算，中国的实时网络直播市场规模将达到 50 亿元人民币。除了市场扩张，中国 MCN 机构面临的难题同样包括对盈利模式的挖掘。全球化 MCN 机构曾经面临的难题，中国 MCN 机构同样在经历。现实是，中国的网络个人直播的收益主要依赖于网络商品的销售。

但中国最大的优势是人口。内容产品市场也得益于人口数量，在规模上中国已经成长为世界三大市场之一。据估算，2015 年中国内容产品市场的规模达 1680 亿美元，占整个亚洲内容市场的 24%。其每年的增长率为 10% 左右，预计几年内将赶超日本。

日本——独特的 MCN 生态系统

YouTube 主播在日本小学生未来愿望中排名第三

2016 年 3 月，日本《每日新闻》刊登了面向大阪某小学四年级男生进行的未来愿望问卷调查结果。从职业排名来看，排名第一名的是足球运动员，第二名是医生，第三名是 YouTube 主播，第四名是公务员。未被归入职业分类的 YouTube 主播被学生们认为是很赚钱的职业。

在日本，整个社会对 YouTube 主播的共识还很浅，但他们的存在感却很明显。全球 YouTube 主播的月活跃用户人数约为 10 亿人次，日本占 4000 万人次。

得益于 YouTube 的人气，日本的 MCN 业务相当稳定，年收入达数千万日元的主播不计其数。他们基本上是通过相关广告来获得收益的。如果首次浏览某个视频能产生 0.1~0.2 日元的广告销售额，那么当该视频被浏览 100 万次时，大概可以产生 110 万～220 万韩元的销售额。如果是顶流主播，那么他们通过 YouTube

赚取的收入每年最多可达 10 亿韩元（约合人民币 590 万元）。不过，有分析认为，进入 2016 年之后视频作品的单次点击广告收益已经下降到了 0.025~0.5 日元，或许不同的主播之间可能存在很大差异。

日本的顶流主播

日本最顶流的主播是口技表演者 Hikakin，在电视综艺节目里经常能看到他的身影。他于 2013 年参加史密斯飞船乐队（AeroSmith）的演唱会，一炮走红。他拥有 4 个 YouTube 频道，粉丝总数为 600 万，累计浏览量超过 26 亿次。截至 2016 年 5 月，如果按照月视频播放量来估算，Hikakin 的年收入约为 2 亿日元。日本职业棒球运动员中年薪达到 2 亿日元者不足 30 人，可见其收入之高。

主播 Seikin 是 Hikakin 的亲哥哥，他们兄弟俩合作制作的 YouTube 主题曲一度成为热点，该视频的点击量达到了 3000 万次。Seikin 在一次采访中说："在这个时代，只要一部智能手机，任何人都可以轻松制作和传播视频。如果你有时间，不如先挑战一下。不要放弃，抓住梦想。"

我们从视频作品中可以感受到这两位主播在制作时是多么注重细节。Seikin 的年收益估算值为 8700 万日元。

日本主播中收入排名第二的是 Hajime 社长，在 YouTube 上拥有 340 万粉丝，单频道粉丝数量在日本国内排名第一。每月视频播放量达 1.38 亿次，累计播放量达 21 亿次。年收益估算值为 1.66 亿日元左右。

曾经参加过 SBS 综艺节目《惊人的大会》（*StarKing*）的木下佑香（Yuka Kinoshita），因上传吃 20 个汉堡的视频而爆火。她是难得一见的大胃王，更因其 23 英寸的腰围备受关注。预估她的年收入约为 5400 万日元。

人气暴涨的儿童主播

要说日本 MCN 行业最受关注的当然是儿童领域。代表频道有 Kidsline，其 YouTube 粉丝数为 97 万，累计播放量为 16 亿次，月播放量达 1.47 亿次。

截至 2016 年 6 月，作为受欢迎的儿童类主播，AAAjoken 有 120 万 YouTube 粉丝，累计播放量为 22 亿次，月播放量为 8700

万次。视频主要介绍玩具,颇受孩子们的喜欢。他的年收益预计为 1 亿日元。

Sen、Momo & Ai 的人气也居高不下。Sen 的频道由父母制作,与美国人气儿童主播 Evan Tube 非常相似。Momo & Ai 的留言评论中英语出现较多,这表明它在英语世界中很受欢迎。其 YouTube 粉丝数为 76 万,月播放量为 8500 万次,累计播放量达 17 亿次。估算年收入约为 1 亿日元。

日本的 MCN 业务

日本的内容产品市场仅次于美国,位居全球第二。可以看到,内容产业的规模和发展与经济规模成正比。日本的 MCN 产业同样发达,接近全球化 MCN。也就是说,日本市场具备了能够让有能力的主播成长为顶流的生态系统。

日本 MCN 机构的天花板是乌姆(UUUM),也是主播 Hikakin 和 Hajime 社长所在的公司。乌姆毫不松懈地招募新的主播,2016 年就公开招募了约 1000 名主播。

Breaker 是一家 MCN 中坚机构,拥有许多带有艺人气息的日本主播和国外主播。下属的 Megwin TV 展示许多脑洞实验，有 57 万粉丝；美妆主播 Sekine Risa 有 32 万粉丝；音乐人 Kobasolo 有 30 万粉丝。据悉，该公司与 YouTube（日本）保持着良好的合作关系。

Genesis One 是一家侧重于商品销售和营销，积极开拓商务、广告领域的 MCN2.0 机构。其旗下的渡边摩萌峡（网名渡边 Mahoto）拥有 152 万粉丝。他以"神颜"吸引人气，并推出以自己名字命名的时尚品牌。从 2016 年 4 月开始，Genesis One 就以每年 5000 日元的价格招募收费会员，尝试以包年制为基础的收益新模式。

日本演艺企划公司吉本兴业最近也成长为 MCN 机构，积极引进能发挥自身特点的喜剧主播和才艺主播。

此外，专业烘焙主播 Deco Cookie 所在的 Creek & River Online Creator 也是有代表性的日本 MCN 机构之一。

日本的大型 MCN 机构都在精心打造 MCN 生态系统。然而，全球化 MCN 机构在日本却似乎萎靡不振。截至 2016 年，在日本排名前 100 名的 YouTube 频道中，MCN 机构占据 51 个频道，其中乌姆占了 32 个。

相比之下，日本其独特的文化决定了日本人更加喜欢本土原创内容。并且，主播们并非独立活动，他们大部分隶属于 MCN 机构，主播之间的交流非常活跃。他们经常以嘉宾的身份出现在对方的视频中，或是合作制作视频。这是与全球化 MCN 主播最大的不同。

YouTube（日本）以"东京 YouTube 空间"为核心，以各种物力支持为日本 MCN 业务提供了坚实的后盾。典型案例是剧团 SQUASH。该剧团积极利用这一技术，从 2008 年就在 YouTube 上发布其制作的电视剧。截至 2016 年 6 月，频道粉丝已达 30 万。虽然此前票房惨淡，但现在却连日售罄。YouTube 的威力可见一斑。它们制作的恐怖剧《长筒袜吸血鬼系列》的点击量超过 1300 万次，人气飙升。其中出现的日式外景地全部取景于 YouTube 空间。

隐形营销——巧妙融合内容产品

日本的主播们巧妙地将企业的产品或服务融入内容产品中的 PPL（网络营销）形式被称为隐形营销，与我们所说的植入式广告非常相似。

据YouTube主播SHIBATAR ZZ透露,在提供这种内容产品时,主播向相关企业收取的费用相当于粉丝数的1.5倍。他的粉丝有37万,介绍一次产品就能获得约55万日元的收入。通过简单的计算,我们可以把这个公式代入到拥有320万粉丝的顶级主播Hajime社长身上,想请他做一次网络营销活动,就需要花费480万日元,换算成韩元则超过5000万韩元。

Hajime社长在2015年2月14日情人节发布的加纳巧克力视频可看作隐形营销的一种尝试。这是一部长达4分钟的搞笑视频,视频中,他将100个加纳巧克力堆在一起,试图打碎这些巧克力,但最终一个都没能打碎,这令他痛苦不已。

在日本,这种形式的植入式广告正逐渐增多。据主播广告匹配服务企业Theqoo的视频广告市场分析资料估算,原生广告从2014年的154个增加到2015年的1276个,增长了7.29倍,市场规模约为15亿日元。

下面我们来看看日本雀巢的原生广告案例。

为了宣传2013年9月1日推出的雀巢咖啡泡沫拿铁,雀巢(日本)组织6名热门YouTube主播参与比赛。这是一场宣传赛事,要求主播们用60秒的视频来表现内心变得柔软,就如同咖啡表面漂浮的柔软泡沫一样,然后评选出最优秀的作品。

　　这次比赛的参赛者有以轻快的化妆剪辑视频走红的美妆主播佐佐木朝日（sasakiasahi，47万粉丝）；来日留学的加拿大女性文化主播"沙拉在日本"（Sharla in Japan, 49万粉丝）；天然工坊剧团旗下的演员Hiroshi（106万粉丝）；J-POP舞蹈主播梅花（6万粉丝）；新西兰女性文化主播mamei（26万粉丝）；以精致的菜品而闻名的"厨艺直播"（Cook Bang）主播MosoGourmet（151万粉丝）。最终，佐佐木朝日获得了第一名。该视频在比赛期间的点击量达到20万次，截至2016年6月，点击量达到124万次。这段视频还在当时的电视广告中播出。

　　但在日本，不将广告标记为广告的行为被视为不道德或非法，因此大家对隐形营销并不友好。正是这个原因，日本的YouTube视频都会将广告明确标示出来。

韩国的顶流主播

韩国 MCN 的两大支柱及代表性主播

MCN 业务在不断进步，但 MCN 依然扎根于 YouTube，而不断为其提供养料的是众多主播，这一点并未改变。主播是推动 MCN 业务发展最重要的动力，这如同没有演员的节目让人难以想象。

在韩国，一提到 MCN 机构，就不能不谈 CJ E&M 和宝藏猎人。CJ E&M 仅从规模上看其排名居世界前 30 位，也是亚洲排名第一的 MCN 机构。截至 2016 年 5 月，旗下有超过 800 名主播。此外，CJ E&M 作为韩国有线电视的代表，在传统媒体领域也具有相当强的市场掌控力和影响力。截至 2016 年 6 月，其运营的 35 个 YouTube 频道每天更新超过 100 个视频内容。

宝藏猎人是韩国第一家独立运营的 MCN 机构，被称为网络直播界的 SM 娱乐公司。截至 2015 年 4 月，其内容产品观看总次数为 17 亿次，YouTube 频道总粉丝为 725 万。

下面我们来看看以两大 MCN 机构为中心的韩国代表性主播们的方方面面。

顶流网红——大图书馆

他是 CJ E&M 旗下的主播，截至 2016 年 6 月，拥有 120 万粉丝，是名副其实的韩国第一大主播。他曾经是 E-Learning 公司一名普普通通的网络讲师，他认为仅靠高中学历很难成功，于是决定将自己品牌化，并在能够发挥自己经验的个人网络直播中找到了一条出路。

他一边玩传奇游戏开发者席德·梅尔的文明游戏，一边为游戏配上旁白。因为嗓音好，所以被称为"文明仲基"，意思是"文明宋仲基"。如果你在文明游戏中建造亚历山大医学院图书馆，就可以免费得到一项技能。以此为切入点，他以"大图书馆"的名字进行了品牌推广。当然，他也后悔没有取一个更酷、更简单，外国人也熟悉的名字。他在海外的知名度越来越大，在海外，他被称为"Buzz bean"。

比起直播，大图书馆更喜欢持续制作内容产品、定期更新内容产品的方式。其实他的内容产品应称作录播。他倡议，主播应该努力熟悉创作内容产品的环境，必须持续为大家定期提供内容产品。大图书馆认为，只有这样才能更容易找到与观众建立联结的共鸣点。

吃播代表人物——奔驰小哥

即使是美食斗士级吃播内容的杀手、韩国国家级吃播笑星金俊贤见了奔驰小哥（Banzz）也会自愧不如。他身高1.78米，体重70千克，是标准体型。

对奔驰小哥来说，5分钟内吃掉10个汉堡是小菜一碟，一次吃六七碗方便面也很轻松。他的吃播的菜单多种多样。据说他为了消化巨多的食物，一天锻炼6~10小时。不得不说，这也是他职业精神的体现。

据悉，奔驰小哥的粉丝超过83万，其中70%为女性。对体重敏感的女观众表示，看了他的吃播后，会获得代偿性满足感，不再想吃东西。他的吃播内容累计播放量超过3亿次。

让你好梦的网红——达娜

虽然游戏、吃播追求愉悦，但也会有副作用。然而，主播达娜（Dana）的内容是有用的、善良的，而且与众不同。达娜隶属于CJ E&M，她的内容涉及自发性知觉经络反应（autonomous sensory meridian response，ASMR），简单地说就是让人放松，使人容易入睡。其目的是重现日常生活中自然的样子和声音，给人一种心灵的平静。

截至 2016 年，达娜的粉丝数为 21 万，累计播放量达 3400 万次。达娜的内容主要在凌晨更新。这是因为她的受众都是因失眠而难以入睡的群体。

美妆界第一人——Ssinnim

CJ E&M 旗下的 Ssinnim 被称为韩国国宝级美妆主播。虽然没有上过美妆学校，也没有相关的资格证，但她的名声甚至传到了国外，据说很多人为她精致的美妆视频所倾倒。相比其他领域，美妆内容受语言限制较小。从内容的性质来看，估计大部分粉丝为女性。她在 YouTube 上有 98 万粉丝，点击量超过 1.67 亿次。

美妆类内容口口相传的速度很快，也就是说这些内容会直接影响现实的商品购买。或许是这个原因，美妆也是 MCN 的核心领域。仅在 2015 年，就有 Glance TV、Leferi、Airsketch、Self Beauty 等数十家大大小小的时尚美妆专业 MCN 及内容机构在业界名噪一时。其中，部分机构采用时尚美妆内容与商务联动的商业模式。

除 Ssinnim 之外，Lamuke、Dadota、Sunny 等美妆主播也是粉丝数超 40 万的热门主播。

搞笑主播——Cuckoo Crew

该主播隶属于 CJ E&M，自称发达国家型偶像，主要制作将 B 类文化带入现实的无厘头视频。他的视频大部分都是记录开心捣蛋的场面，自由自在地将自身独有的文化融入视频中，获得粉

丝的响应。视频内容或是在摇晃的车里挑战吃炸酱面，或是偷偷扔掉搬家朋友的行李后逃跑……

他们之间嬉笑怒骂、嬉戏打闹的视频似乎也能给其他人带来快乐，因此也具有奇特的吸引力。虽然偶尔会出现过分的恶作剧，但尚未发生重大事故。截至 2016 年 5 月，其 YouTube 粉丝数为 59 万，累计播放量超过 1.9 亿次。

专业配音——柳俊浩

CJ E&M 旗下主播柳俊浩（Jun Ho Yoo）被称为"Nutella Voice"。模仿游戏角色声音或给广告搭配搞笑配音，使他获得了很高的人气。他自称配音艺术家，要么以其他视频为素材，用自己的方式来配音取悦观众，要么将观众提供的视频进行配音。他还通过 MBC、SBS 等无线电台宣传自己的声音。截至 2016 年 5 月，其 YouTube 粉丝数超过 41 万，视频点击量超过 1.2 亿次。

小学生的总统——杨叮

她是一位高人气女性游戏主播，与大图书馆齐名。她在小学生中的知名度非常高，被称为"小学生的总统"。频道粉丝数高达 169 万，累计播放量达 10 亿次。她把自己的姓"Yang"和"ttil ttil"组合起来，起了"Yang Ttil Ttil"这个昵称，后来觉得发音有些困难，就改成了"Yang Tting"（杨叮）。初期，她以《地下城与勇士》游戏主播的身份为人所熟知，之后将主要内容变成游戏《我的世界》。她被 KBS Yetti TV 选为主持人后进军无线电视领域。截至 2016 年 6 月，一直担任宝藏猎人的企划理事。

《我的世界》游戏达人——鳄鱼

鳄鱼是宝藏猎人旗下的重量级主播,是YouTube《我的世界》内容产品的创作达人,也直播《侠盗猎车手5》《泡沫战士》《英雄联盟》等游戏,其作品以高质量著称。鳄鱼的粉丝数为108万,累计播放量超过7亿次。

资深网络女主播——金伊娴

金伊娴（Kim Eve）是韩国从业时间最久的主播，也是资历最老的网络女主播，她从 SayClub 广播起步，与 Afreeca TV 共同成长。她的节目围绕各种主题进行单人访谈，其优点是可以在轻松舒适的氛围中解答观众的疑问，讲述日常生活故事。

金伊娴拥有漂亮的外貌、出众的口才，有时会爆粗口。她拥有"钢铁般的意志"，对 Afreeca TV 上露骨的言辞和脏话毫不示弱，总是能机智地予以回击。其 YouTube 频道上的粉丝为 92 万，累计播放量超过 3.4 亿次。

沙盒游戏主播——Ddotty

Ddotty 是 CJ E&M 旗下主播，曾是《我的世界》的玩家，后来自己成立了名为"沙盒网络"（Sandbox Network）的 MCN 公司。其 YouTube 频道上的粉丝有 86 万，累计播放量超过 5.6 亿次。沙盒网络没有特定规则，用户在游戏中自由制定游戏规则，其核心是喜欢沙盒游戏的主播。Ddotty 目前担任首席内容官。

制造负面话题的名字——BJ

要讨论韩国的主播生态系统，有一个词是不能不提的。那就是 BJ（broadcast jockey，主播）。随着 Afreeca TV 的发展，BJ 成了对主持人的称呼。播放音乐的专业主持人被称为"disk jockey"（DJ 唱片骑士），BJ 是由"disk jockey-DJ"演变而来的韩式英语，正确的称呼应为"Streamer"。其实在 20 世纪 90 年代后期开始流行的聊天文化中就可以找到 BJ 一词。当时，建立聊天室的"房主"（韩语发音为 Bang Jang）被简称为"BJ"。或许因为网络直播是直播视频和聊天相结合的形式，BJ 这个名字自然被沿用了下来。

网络单人直播的类型非常丰富，如游戏、吃播、时尚、美妆、生活等。对应到直播，就有所谓的"女主播"体裁。这是一种女主持人与观众围绕各种主题进行交流的形式。但是，为了吸引男观众的关注并诱导打赏（星气球），女主播经常会穿着暴露的服装，使用"露骨"的语言，做一些出格的动作。观众也会要求主播使用一些挑逗性的言辞，或者做出挑逗性的行为。主播与观众之间出现的挑逗性话题，带来的后果就是损害社会对所有网络直播的认知。

但并非所有的直播都是这样，也有很多人单纯地只是支持女主播。然而，媒体往往集中于报道负面案例。成相勋指出，由于部分媒体进行夸张报道，导致人们对主播们形成了负面认识。

在门户网站搜索栏中搜索"Afreeca TV"，从出现的关联搜索词就能看出人们对主播的否定态度。

从与 Afreeca TV 相关联的搜索词来看，大众对 Afreeca TV 的印象是否定的。为何如此？理由之一就是"我认为我的孩子不能看的节目"。不知不觉间，主播被披上了暴力、挑逗的外衣。

2015 年 10 月，韩国调研机构 Macromill Embrain 对 2000 名 19~50 岁成年男女进行了问卷调查。结果显示，超过 80% 的受访者认为网络个人直播过于煽情和刺激，74% 的受访者认为需要法律监管。成相勋说："很多人对主播持否定态度。"

大部分主播也在 Afreeca TV 上开展活动，也正是这个原因，他们更愿意被人们称为创作者而不是主播。如果人们问"YouTube 是健康的，而 Afreeca TV 是煽情的、刺激的吗"，这就值得认真思考了。

实际上，Afreeca TV 中也曾出现过有人为了凑齐打赏星气球的钱而贪污公款甚至自杀这样的荒唐新闻，还有人在深夜的道路上驾车狂奔，给观众带来了巨大冲击。

这是向往任何人都可以不受制裁地进行个人直播的自由区（free zone）所产生的副作用。但是，正是因为这种副作用，人们希望从法律上限制某些人违背公序良俗的表达欲望，如果用法律就能解决问题该有多好！事实上，众所周知，这种问题并不只局限于视频或个人直播这种网络平台。

恶意评论是 MCN 的绊脚石

2015 年 11 月，神话成员金炯完参加了歌手尹钟信和 Muzie 主持的 Afreeca TV 的直播《相信哥哥》的首播。该节目是由 Mystic 娱乐和 Afreeca TV 成立的联合风险投资机构 Freec 联合制作的作品，曾经一度人气很高，后来又制作了新概念音乐脱口秀节目，这也让过气的音乐人再次蹿红。然而，首期节目中却出现了意想不到的一幕，电话连线到的著名主播们对金炯完使用了侮辱性言辞，而且在实时聊天中还出现了观众们爆粗口和辱骂的情况。

金炯完的粉丝们向制作组强烈抗议，要求公开道歉。结果主播和恶意评论者销声匿迹，最终上演了一出金炯完所属的经纪公司向自家粉丝道歉的闹剧。Freec 的宗旨是打造内容主播的游乐场，而这样的瞬间使该宗旨黯然失色。造成这一结果的原因是《相信哥哥》栏目组没有考虑到与观众实时双向互动的特点、一直引发讨论的低素质主播们的倾向和素质，以及观众的匿名性导致恶意评论的可能性，并予以防备。

该事件只是用来阐明恶意评论副作用的一个案例。Afreeca TV 被认为是网络个人直播文化的发源地，但在这里做个人直播也并非易事。因为观众普遍年龄较小，不够成熟，而且 Afreeca TV 有很多恶意留言者几乎人人皆知。

有人分析说，梦想着偏离社会的十几岁、二十几岁人群看到个人网络直播中的刺激性内容后，会产生代偿满足，从而利用匿名性肆无忌惮地发表恶意评论，以此来缓解压力。

MBC 综艺节目《我的小电视》就是遵循网络个人直播框架策划的作品，采用录播的形式在 Daum TV POD 上播出。不能进行现场直播的唯一原因就是恶意评论。

2015 年，韩国大检察厅的统计显示，过去 10 年间与恶意评论相关的诉讼增长了 4 倍以上。侮辱罪诉讼案件的数量从 2004 年的 2225 件增加到 2014 年的 27 945 件，增长了 12 倍多，迄今又增长了多少倍还不得而知。而且随着智能手机使用的普及和社会媒体的日常化，当今时代越来越多的人可以经常使用互联网。

被称作"手机星人"（mobile native）的十几岁的青少年很少会深入思考"别人怎么看待我说的话"。或许出于这个原因，恶意评论者中十几岁的人尤其居多，而个人直播的观众大部分都处于这个年龄段。

韩国信息通信产业振兴院 2013 年的资料显示，12~19 岁的网络用户中，有恶意评论记录的人占 48%，二十几岁的人占 29%，三十几岁的人仅占 17.4%，四十几岁和五十几岁的人分别占 14.8% 和 11.7%。

恶评者并不认为恶意评论是犯罪。在恶评之后，更多人感觉"心情舒畅"，而不是"后悔"。而写恶评的理由，大部分都是单纯地因为有趣、好奇、心情不好。

很多社会心理学专家分析后认为，恶评者的心理未能得到控制，而是通过网上匿名的方式表现出来。也有人指出，恶评不断出现的原因之一是法律处罚力度不够。

Afreeca TV 为了保护青少年也做出了努力，如引进聊天过滤等功能，但这并不能从根本上解决问题。

韩国的人气主播不会一一回应恶意评论者，反而是放下心理包袱，毫不在意，也称"随风飘散"。从某种角度上看，人气主播回应恶评的秘诀就是豁达待之，不做回应。

原职业玩家主播朴泰民（音译）也建议说："如果开始受到恶评者的伤害，就没有尽头，还不如带他们一起玩。"但要将这个态度付诸实践并不容易。总而言之，恶意评论是 MCN 业务发展的绊脚石。

星气球

星气球是粉丝给主播打赏的一种虚拟货币。Afreeca TV 靠这个模式站稳脚跟并使网络直播有了商业化的可能。之所以做刺激性的内容或节目，归根结底是想通过吸引更多的观众，获得更多的星气球，从而获得更大的收益。平台运营者当然需要在某种程度上自我净化，但无法百分之百避免。

虽然我们只提到了星气球的副作用，但它也有自己应有的功能。众所周知，Afreeca TV 是以厨播、吃播为代表的饮食相关内容的发源地。当然，厨播和吃播本身是否有意义和有价值是另一回事。除此之外，电竞领域的游戏主播们的作品也给很多人带来了欢乐。

英语教育领域排名第一的女主播 Deeva Jessica 的每期节目都能吸引 3000~5000 名观众。美貌和性感的服装是人气的一部分，但受欢迎的秘诀是有趣又有益的教育内容。

最近，以主播身份为人所熟知的他们不知不觉地开始走出直播平台，转向多元渠道。大图书馆、Ssinnim、杨叮、鳄鱼等已经跨越 Afreeca TV，将手伸到了 YouTube，以此为基础向海外进军。可以说，这与海外知名主播们不局限于本国而是走向全球的想法如出一辙。这具有很大的启示意义。

为了消除社会的负面认知，使人气主播成为堂堂正正的职业人，他们的活动不仅需要围绕着星气球展开，还需要以优质的内容提升竞争力。他们不仅要开拓国内市场，也要向海外市场扩张。

第 3 章

MCN 内容——
打破市场的界限

MCN 内容——以市场趋势为风格

主播"杀死"电视明星

2016 年 4 月,我见到了韩国 N-screen 和 OTT 商务领域屈指可数的专家——SK 宽带经理金朝韩。他同时也是一位知名博主,主要在亚马逊、奈飞、Xbox、Roku、PS4、Chromcast 等平台上上传与 Next Media 相关的最新海外消息和富有洞察力的连载作品。

我与金朝韩就"新媒体会威胁传统媒体的地位吗"的话题进行了探讨。

金朝韩开门见山地表示:"新媒体并非传统媒体的对手,它是传统媒体的催化剂。随着新技术的发展,'手机一代'表现出了符合新环境的内容消费形态,新媒体自然而然地顺应了时代潮流。也就是说,新媒体不过是多种内容产品形态中的一种而已。"

金朝韩称,现在美国的节目中,娱乐节目和脱口秀节目的时长通常在 20 分钟左右,被归为电视剧的节目的时长则为 40 分钟,而在移动设备上，10分钟左右的短视频开始受到青睐。

金朝韩警告说，传统媒体已被认为是"播放时间长、内容质量高"的体系，如果为了顺应移动时代的内容消费潮流而试图改变自身的体系，是非常危险的。

实际上，传统媒体已经意识到了具备短视频制作经验的YouTube的存在。传统媒体与其成为制作方，不如投资现有的MCN机构，或以获取内容产品的方式进行投资。它们内部也意识到，坐拥大量粉丝的顶流主播的内容产品在一定程度上验证了"投资小、收效大"这一事实。也就是说，MCN内容产品的性价比非常高。同时它们也明白，假如自己来制作内容产品需要投入更多的成本。

YouTube顶流主播Smosh参与制作的影片《Smosh：大电影》就是个很好的例子。虽然顶流主播的身价已经到了一定的高度，但与好莱坞明星相比依然是小巫见大巫。但他们有庞大的粉丝群，如果善加利用，产生的效果可以与好莱坞明星相媲美。从电影制作公司的立场看，也可以减少制作费的风险，进而获得票房。

Fullscreen是以原创作品真正参与市场的代表性MCN机构。2016年4月26日，它向全球同步开放"每月4.99美元，可观看800小时"的包月制订阅服务，目标观众主要集中在13~30岁的年轻一代。它不仅可以在移动设备上观看，还可以在网页上观看。Fullscreen 的创始人乔治·斯特洛姆波洛斯（George Strompolos）表示，这项服务"是进一步靠近观众的过程，Fullscreen 正处在变革的重要十字路口"。

Fullscreen 实行收费化并非创新之举，消费者对此也并不陌生。此前，YouTube 和 Hulu 已率先推出包月付费服务，传统媒体公司 CBS 和 HBO 也已开始提供线上付费服务。MCN 机构将原创内容收费化虽然只是实验性的尝试，但也可以说是终于向电视明星盘踞的市场发出了挑战。有首大火的流行歌曲就叫作《视频杀死电视明星》（*Video Killed The Radio Star*）。现在的主播地位可以说已经上升到了"杀死电视明星"的程度，不容忽视。

MCN——出爆款的内容公式

MCN 的优点是灵活机动，能在短视频中快速呈现出起承转合，并且不受类型和形式的限制。而电视节目在播出过程中，如果由于低收视率而提前结束，必然会在很多方面产生较大的负面影响。

但 MCN 作品在这方面则显得相对自由，主播可以创建、展示多种多样的内容，将其中受欢迎的主题做成系列。如果没有人气，则作为一次单集播完即止。采用这种方式，主播可以不断地尝试各种主题。MCN 机构可以在各种尝试所获得的数据上，迅速策划并制作作品。通过试错，MCN 机构找到了适合自己的爆红公式。

就拿音乐频道来举个例子。穿什么样的服装、翻唱哪个歌手的歌曲会获得更高的点击率，这都可以从数据里找到答案。运用数据制作内容产品的意义即在于此。我就职过的公司制作出爆款内容产品的核心秘诀就是数据。一个基于数据、富于创意的视频，毫不费力地就能带来数百万次点击。

通过各种尝试之后，上升为热门类别的领域有时尚、美妆、游戏、吃播、儿童、音乐等。2015 年，韩国最受欢迎的 YouTube 视频精简为 K-POP、烹饪和儿童领域。

2016年韩国人看过的美食视频排行榜（截至2016年6月）

第一名，制作彩虹心形饼干

主播：Yujin厨房

点击量为899万次。主打甜点配方的烹饪主播。粉丝为93万，累计点击量为6490万次。

第二名，英国人对炸鸡和啤酒的反应

主播：英国男人

点击量为724万次。一位名叫乔什·卡洛特的英国人制作的韩国相关视频。粉丝为131万人，累计点击量为1.74亿次。

第三名，金伊娴吃普拉达炸鸡

主播：金伊娴

点击量为353万次。以魔性的脱口秀获得人气的女性主播。粉丝为92万人，累计点击量为3.44亿次。

第四名，吃哈利波特软糖生存游戏

主播：Heopop

点击量为353万次。因猎奇实验视频而获得人气。粉丝为87万人，累计点击量为4.9亿次。

第五名，挑战吃10碗炸酱面

主播：奔驰小哥

点击量为325万次。主要以视频吃播吸引人气。粉丝为84万，累计点击量为3.1亿次。

第六名，制作双层蛋糕

主播：Honeykki

点击量为 431 万次。运营简餐食谱等料理频道。粉丝为 50 万，累计点击量为 5600 万次。

第七名，制作千叶猫蛋糕

主播：Sweet the mi

点击量为 272 万次。运营料理频道。粉丝为 47.9 万，累计点击量为 4100 万次。

第八名，超大型蚯蚓软糖吃播

主播：Lil Marble

点击量为 194 万次。自 2014 年 1 月频道开通以来，已有 71 万粉丝，累计点击量达 2.4 亿次。

第九名，猎奇炒年糕吃播

主播：Wangju

点击量为 184 万次。主要为吃播。粉丝为 32 万，累计点击量达 1.1 亿次。

第十名，三胞胎米肠汤饭吃播

主播：KBS

点击量为 147 万次。KBS 节目《超人回来了》播出演员宋一国的三胞胎儿子的相关内容。

在韩国 YouTube 频道前 20 名中，有 16 个频道的海外粉丝数大于韩国国内，所占比重竟高达 70%。从 MCN 机构的角度来看，对我们有很大的商业性启发。因为 MCN 会就此得出结论：应该积极探索海外市场。也就是说，没有必要将内容产品市场限定在韩国国内。根据这个逻辑，海外粉丝是否会转化成消费者全在于如何制作内容产品。尤其是与美食相关的内容，是不分天南地北人人都可能需要的项目。饮食文化是超越语言的第二种语言，在这一点上，全球观众已达成了共识。

近来，MCN 推出的网络漫画题材已经进入了读秒阶段，这似乎折射出了网络漫画在韩国内容产业中的强大影响力。DMB 电视台综合频道 QBS 与网络漫画授权企业 DCC（Dream Communication）携手，为活跃 MCN 广播事业签订了战略合作协议。预计网络漫画内容将会以配音、恶搞、任务访谈等形式登场。对于柳俊浩等因版权问题在配音内容制作上止步不前的专业人士来说，这将是一次全新的机会。

从网络漫画领域可以看出，MCN 能够迅速适应不同领域的市场风格，由此可见各种新类型的 MCN 内容将不断地登场。

有代表性的儿童频道

YouTube 儿童视频频道《凯利和玩具朋友们》的主持人凯利被称为凯老大。该频道的粉丝达 85 万,累计播放量为 9 亿次。经营该频道的凯利软件(Carriesoft)公司于 2015 年末获得了 NHN 公司和 DSC 公司投资的 20 亿韩元。

《凯利和玩具朋友们》栏目始于 2014 年,凯利以各种玩具为工具,在市场、医院、村庄、消防站、道路等各种场所开展活动,用教育的方式展开内容情节,并因此走红。随着口碑的提高,公司还追加制作了栏目专区,读童话书的《凯利和书》和将孩子们的游戏文化影像化的《凯利和游戏》的人气一直都很高。据悉,视频单日点击量达 300 万次,月播放量超过 1 亿次。

《凯利和玩具朋友们》以网络人气为跳板,将业务范围扩展至了传统媒体。2016 年 4 月,家庭音乐剧《家族秀!凯利和玩具朋友们》上演。此后,SK 宽带运营的 BTV 单独推出了《凯利和朋友们》,并制作了《凯利和玩具朋友们》《凯利和书》两档节目。

2016 年 5 月,凯利终于被提拔为 KBS 电视台的幼儿园栏目主持人。《凯利和朋友们之会开饭的桌子》的栏目是一档在现有的制作玩具开箱的 YouTube 视频的基础上,通过改变领域,展示食材流通过程的节目。

玩具布丁 TV（ToyPudding TV）是一个开箱儿童频道，拥有 180 万粉丝，累计播放量达 26 亿次。在《凯利和玩具朋友们》强势的挑战之下，玩具布丁 TV 第一的位置虽岌岌可危，但依然具有一定的代表性。该频道在海外的人气高于韩国国内，其中 70% 的流量来自海外。因为视频没有台词，只有玩具发出的声音，因此不存在语言障碍。

迪士尼玩具（Disney Toys）拥有 100 万左右的粉丝，视频累计播放量达到 12 亿次，海外观众占 90%。迪士尼玩具制作的《小公交车太友玩具》还曾在 2015 年 YouTube 儿童频道人气视频 TOP10 中位列第一。那是一段 11 分钟多的视频，拍摄了太友小公交玩具车从箱子里被拿出来、加油、洗车、行驶、玩耍的场景。对于这段播放量超 1.4 亿次的视频，有观众用英文、阿拉伯文、中文等在评论中写道："在哪里可以买到这款玩具？"

另外，2015 年 4 月，以变形机器人 TOBOT、豆顺而闻名的专业玩具企业"Young 实业"也开设企业品牌频道进行开箱视频播放，这表明 MCN 内容正式成为企业营销的重要手段。

正如上述案例所示，人们已经认识到儿童类目在 MCN 领域也是屈指可数的典型的盈利模式。但就儿童领域而言，似乎没有一个主播能保持绝对第一。因为随着儿童的成长,他们喜欢的节目很快就会发生变化。因此,儿童领域会不断涌现出新的主播,预计市场也会进一步扩大。

MCN——新闻内容可行吗

新闻消费掉转风向

《纽约时报》是继《华尔街日报》《今日美国》之后的美国第三大媒体,仅员工就有1230人。有趣的是,这样的传媒公司最近涉足了食材配送行业。它计划利用自己的报亭设施实现收益多元化。

《纽约时报》呼吁"数字先行"战略,身为传统媒体,它一直起着领头羊的作用,主导着变革与创新。那《纽约时报》为什么会选择配送行业?

归根结底是因为营业额。《纽约时报》2016年第一季度的报纸广告营业额减少了9%,整体营业额也同比减少6.8%。问题是销售下滑并不是昙花一现。广告是报纸最基本的收入来源,虽然订阅费也占了一定比例,但无法超过广告。广告来源于企业,企业一直将在有人气的媒体上发布产品及品牌广告作为一种营销方式。作为形成舆论的第四部门①，报纸很长时间都牵制着政权，有着强大的政治影响力。因为报纸向大众传递着新闻、信息和知识，这使得报纸拥有了强大的媒介力量，广告的效果自然也非同凡响。

然而随着可以取代报纸或与报纸竞争的媒体络绎不绝地出现，报纸的媒体力量不断下降。众所周知，互联网是其中的核心媒体。

最终，伴随着移动时代的到来，报纸非必需的特征越来越明显。电视剧里曾出现的父亲在吃早餐的时候打开手边的报纸的场面已经很难找到了。无论何时何地，只要你需要，打开智能手机就能快速翻阅新闻头条，或者在通勤路上抽空阅读新闻的场景比比皆是。

现在，人们的新闻消费形态与其说是仔细阅读，倒不如说是大部分情形是因为担心无法与旁人交谈以及跟不上潮流而大量阅读。这样体量庞大的新闻内容扑面而来，以至于在快餐文化时代，新闻也成了可被快速"吃"掉的一次性信息。

现在，每天都会产生并推送 2 万~4 万篇新闻报道。在这样的环境下，媒体公司为了生存不断进行各种尝试，从而出现了针对优化移动消费而出现的卡片式新闻、新闻图解、视频剪辑等多种形式的新闻。此外，这些新闻内容的传播趋势也正从门户网站迅

---

① 第四部门是继立法部门、行政部门、司法部门之后的部门。——译者注

速转移到社交媒体。

2015 年,美国皮尤研究中心(Pew Research Center)发布了一项值得关注的调查结果。61% 的千禧一代通过 Facebook 了解政治和公共新闻,美国千禧一代通过实时新闻频道 CNN 和当地的电视广播观看新闻的比重分别占到 44% 和 37%。相反,对于 60% 婴儿潮时代(1946—1964 年出生的美国人)出生的人来说,是通过当地的电视台收看新闻的。现在,不足 19 岁的 Z 世代逐渐成长为主要消费群体,这将进一步加剧该现象,而社交媒体的影响力正与日俱增。

在这样的背景下,2016 年初,Facebook 增加了"移动直播"功能,进一步提升了自身的新闻影响力。现实是,就连传统媒体也在 Facebook 上直播新闻内容。

新闻 MCN 是媒体的新业务吗

我在担任 MCN 内容企业的宣传负责人时,曾与很多媒体记者进行过活跃的交流。记者们总是这样问:"我想做个新闻 MCN,怎么做好呢?"游戏、食品、儿童、时尚、美妆等不同类型的内容开始铺天盖地,而从事新闻内容的主播或 MCN 机构在这样前所未有的处境中如果不能提出这样的疑问，恐怕就不是一个嗅觉敏锐的记者了。

若说做新闻MCN，媒体公司再合适不过了，因为它们在新闻业务方面有最合适的组织结构、人员和体系。尽管如此，我还是认为，它们之所以无法进入MCN行业正是因为它们所具备的组织、人员和体系。这多么讽刺！

有一次，某位记者问我这样一个问题："各大媒体都在开展新媒体相关工作，但收效甚微。你认为是什么原因？"

我倒是想反问一句："媒体确实说过做新媒体业务，但它们内部是如何定义新媒体并开展业务的呢？"

仅仅将1小时的新闻缩减到5分钟就能称为新媒体吗？新媒体的定义有很多种。内容和格式等软因素很重要，通过什么方式能使内容产品传播和被消费也很重要。我想反问一句，现有的媒体公司是不是只将新媒体限定于短格式、在社交媒体或门户网站上传播？如果不打破传统媒体的格局，只一味地模仿，就不能称为新媒体。

Z世代对新闻没什么兴趣。但随着年龄逐渐增长、社会地位的提高和责任感的上升，他们也会适度关注一些新闻。但从很早以前开始，整个社会对新闻的消费就在减少，这也是事实。虽然人们对政治的漠不关心加剧了这一趋势，但终究反映了内容产品消费形式的变化。

这是一个新闻要变得有趣才会被消费的世界，没有人会讨厌有趣的东西。想要成为适应新媒体的新闻内容产品，就必须脱胎换骨。

不久前，某电视台通过 Facebook 进行现场直播，报道了韩国景福宫的夜间开放场面。媒体不通过自己的频道，而是通过 Facebook 来进行现场直播，这让我觉得神奇，于是打开了视频，结果不到一分钟就关掉了。

Facebook 直播的特点是移动直播，如果没有适合移动的现场感和即刻感，就与传统的广播新闻形式没有区别。如果非要说有区别，那就是它通过 Facebook 转播，而非通过电视台频道转播，仅此而已。这种方式肯定不能被称为新媒体。

如果女记者和伴侣或者其他播音员一起出现，来一场景福宫实地约会秀，效果会怎么样？暂且抛开情侣真假不谈，一边实地逛景福宫各个角落，一边通过手机进行现场直播，这难道不是让人期待的吗？

我明白，传统的公共电视台要想打破桎梏，像 YouTube 主播一样大胆尝试，还有诸多障碍。在推翻数十年沉淀下来的安定而又成形的组织文化之前,这是很难做到的事情。

它们自己也深知这一点,所以各家媒体也在为了迎接新世界做着各种各样的尝试。最终,可能只有试错最多的媒体才是最适应新媒体的。

身处变局漩涡中的媒体

媒体企业感受到的危机并非韩国独有,现在媒体环境的迅速变化犹如一场全球范围的空袭。IT专业新闻网站Gigaom于2015年3月破产,它曾以有深度的新闻而备受粉丝喜爱。以记者为中心、于1986年创刊的纸质报纸《独立报》,于2016年停止了报纸印刷。英国广播公司BBC宣布将全面中断面向青少年观众的BBC 3电视广播,全部改为线上播出。2005年诞生的IT专业媒体Mashable赶上了Web 2.0时代的潮流,但由于扩张过度,最近决定只专注于科技、社交媒体和科学领域,果断清理掉了原有的国际、政治新闻板块。

新媒体领域中还有一家叫Circa的公司。Circa Mediter是一款运用创新手法,通过制作短小精悍的新闻,向关注某一特定主题的人定向提供此类新闻的应用程序。它曾吸引了 50 亿韩元的投资，但并没能维持多久，仅仅持续了两年零八个月，可以说如同破产，尽管现在又起死回生了。新媒体公司仅凭创意进入市场并不容易。

那么，社交媒体的情况又如何呢？让我们看看社交媒体巨头 Facebook。Facebook 从哈佛大学的校内学生社区网站起家，走到现在已吸引了全世界的视线。这个生态系统在不断进化着，使人们能够不受限地看到、听到、享受和品尝所有东西。

Facebook 本是社交媒体，现已演变成了广告平台。在不知不觉中，它正在成为一个庞大的媒体。Ins 服务和 Facebook 直播成功地反映并引领了新闻趋势。2016 年初，Facebook 向全媒体开放了 Instant Articles。从用户的角度来看，当用户点击媒体提供的新闻时，不会跳转到发布该新闻的主页，只在 Facebook 内打开。简言之，你可以在 Facebook 上享受一切，而不用跳转到任何其他的页面。但从媒体的角度来看，网站访问率将进一步下降，广告收入将受到重创。

不仅如此，IT 企业要么收购现有的媒体公司，要么自己做媒体服务，直接成为媒体公司。如中国的阿里巴巴收购了香港《南华早报》，亚马逊则收购了《华盛顿邮报》。值得一提的是，亚马逊在《华盛顿邮报》上引入了一个名为"Crevis"的算法程序，这也是亚马逊超越其他企业的书籍推荐服务算法程序。或许是因为受到了算法程序的影响，《华盛顿邮报》网站的访问人数上涨了70%。

苹果公司也通过使用"读者综合处理算法"，一头扎进了为读者提供个性化新闻服务的市场。

在品牌推广上投入大量资金的韩国企业，也开设并经营了自己的媒体频道，一改以往新品上市或品牌推广依靠媒体宣传的惯例，企业直接运营企业博客或频道。有时企业上传的内容产品也会成为新闻及媒体取材的对象。

由于自媒体敞开了市场的大门，一个明显的趋势是社交媒体上具有影响力的个人（即所谓的网红）的活动领域得以扩张。对于那些大型媒体无法快速完成的部分，或由于过于微观而难以处理的部分，网红将其新闻化，并迅速地展示给用户。

简而言之，随着原有的媒体公司、新兴媒体公司、内容产品制作公司、IT 企业及网红的加入，新闻内容市场的竞争非常激烈。想要战胜严苛的市场环境，媒体公司面临的竞争可谓愈演愈烈。我们来看看《纽约时报》、Buzzfeed、Quartz 三家企业是如何适应新媒体时代的。之所以在众多媒体公司中选出这三家，是因为它们分别代表了传统媒体公司、从专业内容试图转向媒体化的公司和新生媒体公司这三个大类。

《纽约时报》涉足食材配送业

美国三大媒体之一的《纽约时报》迎来了创刊160多年来最迷茫的时代（截至2016年）。一直以来，《纽约时报》与其他纸质报纸竞争者进行着激烈的阅读率之争，但现在它的对手并不是纸质报纸公司。甚至可以说，所有数字化的媒体都是它的竞争对手。

我们不妨来看看《纽约时报》在数字时代的关于生存策略的几个案例。

虽然是印刷媒体，但为了适应影像时代，《纽约时报》于2014年成立了Video Hub。Video Hub按照政治、科学、食品、世界等12个类别来划分，提供的视频新闻都在短短的3分钟左右。相对而言，它们在影视作品制作上下的功夫比较多。这个新闻网站是免费的，收入则通过Freeroll[①]、广告赞助获得。

再一个是强化与食物相关的内容产品。《纽约时报》顺应吃播和烹饪节目流行的全球趋势，扩大了食品类别的版面，并推出了包含17 000多个菜谱的APP"NYT Cooking"，集合了"最受欢迎的甜点""本周做什么菜""梅丽莎·克拉克的美食配方"等栏目，

---

① 福瑞免费比赛，一个不用花钱的免费扑克比赛。——译者注

深受粉丝欢迎。截至 2016 年，该 APP 用户已超过 1000 万。

值得注意的是，这款 APP 关联了美国最大的在线送餐服务 Chef'd，因此《纽约时报》将业务范围延伸到了食材配送业。在 NYT Cooking 上选择菜肴后下单，该菜肴的菜谱和食材就会配送给消费者。利用多种途径构建的配送网络，使食材可以在 24~48 小时内送达。它的服务面向美国全境，配送速度也相当快。

总而言之，报纸公司进军外卖行业完全是风马牛不相及的事。然而，现在难道不是打破商业界限，通过不同产业间的合作追求协同效应的时代吗？《纽约时报》的尝试，既是为了在激烈的市场中求生存，也是为了顺应时代潮流而不断追求变化。

Buzzfeed 已拥有白宫新闻简报室记者席位

白宫——能左右世界政治霸权的场所之一。能在白宫新闻简报室拥有正式身份，可以说是一家新闻机构拥有相当强大影响力的佐证。2015 年初，Buzzfeed 赢得了白宫新闻简报室 49 个席位中的一个。令人惊讶的是，Buzzfeed 并不是一家媒体公司，而是一家内容产品制作机构。白宫在新闻简报室中引入内容制作机构，意味着白宫开始扩大媒体的范畴，同时认可了 Buzzfeed 的影响力。

2006 年，被称为网络内容病毒传播之王的乔纳·佩雷蒂（Jonah Peretti）创立了 Buzzfeed。这是一家初创企业，主要分析内容的病毒式传播的实现过程。2015年，该公司估值为15亿美元。截至2015年12月，Buzzfeed的月均访问量（独立访客）突破2亿，网页月均访问量突破50亿。该公司制作的视频月点击量一般为4500万次，超过NBC、CBS等主要新闻媒体，跃居第一。

2013年起，Buzzfeed开始正式创收，尤其是视频广告占总营收的比重直线上升，2014年为7%，2015年达到了35%。有分析认为，原生广告、植入式广告等视频广告内容制作的增加起到了一定作用。

说起Buzzfeed，它也是第一个推出列表内容（listicle contents）的企业。列表内容由列表（list）和文章（article）组成，以列出"××地区必去的10家美食店"等目录式的信息内容。包括列表内容在内，该公司平均每天发布600多条内容。

Buzzfeed有1300名员工，其中190名记者负责采集信息、475名编辑负责制作内容。员工会将内容分流到30多个平台并针对平台的性质做不同的编辑。上传至Snapchat的内容需要压缩至7秒；上传至Facebook的内容需要编辑到30秒。针对18~24岁人群经常光顾的Tumblr、Vine、Pinterest之类的平台，内容运营采取了开放平台的战略。结果显示，四分之三的Buzzfeed访问者通过社交网络而来，其中一半以上的访问者是千禧一代。在接入所使用的设备比重上，移动设备占绝对优势。

这样的现实情况对广告投放者来说极具吸引力。然而，仅凭这一点还不能满足他们的口味，毫不夸张地说，Buzzfeed 的核心武器是其特有的内容管理系统 Pound。

Pound 搭载了强大的数据分析功能——该选择什么样的内容产品，如何延长内容产品的寿命，以什么样的渠道来传播。通过各种数据，Pound 让你精准地向着广告主的需求一点点地靠近。

从游戏、动态图、时尚等轻松的内容到时事、政治等新闻，Buzzfeed 的内容产品制作基于数据，所以它既是媒体，又是 IT，并成为内容产品制作行业的领头羊。

Quartz——交互式新闻推送崭露头角

Quartz 是 2012 年成立的新兴媒体公司，但其员工大多是来自《福布斯》、Wired、Business Insider、《经济学人》《华尔街日报》等大名鼎鼎的媒体公司的新闻记者。Quartz 聘用老练的记者生产高质量的新闻报道，以供给信赖 Quartz 的读者们。他们多为 40 岁以上的平均家庭收入达 10 万美元的中产阶层。Quartz 的主要目标读者群被称为 SYBAW（smart，young，board at work），也就是那些聪明、年轻却在工作中感到无趣的人。其中 40% 左右的流量来自移动设备，70% 的读者为男性，技术相关从业者居多。

Quartz 巧妙地将新媒体和传统媒体讲故事的方式相结合，以新闻的形式为目标读者群带来满足感。Quartz 所说的"新闻内容产品的 V 形曲线"是检验他们所追求的新闻形式的直接指标。Quartz 在生产、传播文章时,对能更好地吸引读者的文章长度做了分析,结果发现了 V 形曲线(见图 1–1)。

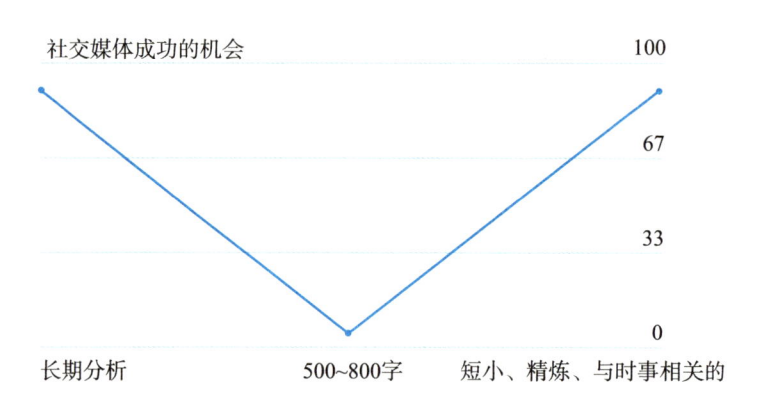

```
社交媒体成功的机会                    100


                                    67


                                    33


                                    0
长期分析        500~800字   短小、精炼、与时事相关的
```

图 1–1　新闻内容产品的 V 形曲线

一篇不到三四百字的文章,能让读者很好地分享和传播,而 1000 多字的长篇且高质量的文章也能收到同样的效果。相反,500~800 个字的区间则被称为死亡区间(death zone),因为文章的长度本身就很模糊,可能会因为没有吸引力而被冷落。

传播力强的短文章所需的条件,可以说是和大众传媒——报纸、广播头条的功能差不多。Quartz 在挑选新闻标题的时候,一定会深思熟虑,斟酌标题是否有强大的感染力。带着这种思考,Quartz 于 2014 年开始提供每日简报形式的新闻推送服务。向全世界 7 万多名读者提供综合了外部报道和自身报道的推送服务，制作并发行了美国、欧洲、亚洲三个版本。其中，40%~50% 的粉丝都打开过邮件。

Quartz 之所以聘请来自传统媒体的记者，与新闻推送服务密切相关。既要头脑灵光，又要具有日常对话般的亲切感，这就需要老练记者的洞察力。可以说，Quartz 的广告营收正是建立在这种睿智和亲切感两手抓的推送方式所获得的人气之上。

这些服务并不限于电子邮件服务。Quartz 之所以闻名天下，是因为它具有以消息传递为基础的界面，能够提供个性化的新闻内容。这不是传统的新闻模式，而是以朋友聊天的互动方式在不断吸引着读者。其形式是将头条新闻以信息形式发送，如果读者点击"读者很好奇""更多"等选项，就会推送读者感兴趣的更深层次的新闻报道。这样的方式谋求和读者直接建立联结，可以即时得到读者的反馈，能够提升用户的忠诚度。

通过新闻稿或信息应用程序进行新闻推送，是新媒体瞄准缝隙市场的绝佳战略。

《读新闻的女人》栏目

大众媒体的交流方式基本上是媒体公司向普通大众传播新闻，这是一种自上而下的传播方式。但在新媒体中，新闻的方向以向下、向上、双向等多种方式展开。这可能有多种含义，但本章的论点是：新闻生产者并不一定属于媒体。

社交媒体的发展正在提升个人作为新闻生产者的地位。即使不隶属于媒体相关组织，个人也可以随时随地成为媒体的生产者和传播者。这里的"媒体"概念并不简单，媒体的领域范围究竟有多大？这个基准线是很难划定的。在本书中，我们把范围限制在新闻传播媒体上。

前面提到，近来在某一领域有影响力的普通人被称为网红。严格来说，这句话其实是自相矛盾的。因为以知名度发挥影响力的人本身就不是一般人，而是特定人物、专业人士、有人气的人。因此，有必要对"网红"进行准确的定义。例如，JTBC社长孙石熙原是拥有国民认知度的主播，假设他被称为"作为名人的网红"，那么通过各种社交媒体聚集粉丝、提高知名度、发挥影响力的人应该被称为"作为普通人的网红"。

这里我要探讨的当然是作为普通人的"网红"。他们通过自媒体发挥社会影响力，大部分都拥有粉丝。他们所生产、传播的信息的影响力有时甚至超过了既有的媒体。

暂且说一说我的故事。我在 Facebook 上运营《读新闻的女人》栏目。最初，我只是想把自己想看的新闻记录下来，得益于 Facebook 的交友算法，页面粉丝瞬间达到几千人。顾名思义，就是内容产品实现了"病毒性传播扩散"。

现在的人对各种热点和潮流都很敏感，钻研起自己关心的问题往往不知疲倦。与此同时，繁多的新闻和信息，很容易使人感到疲倦。

这时，如果能把自己感兴趣的领域的热点问题整理得一目了然，并加以总结，那么，疲倦感将会极大地减轻。如果再加上建议和对信息、报道、新闻的深层次解释，则是锦上添花。

《读新闻的女人》正好切中了这一点。把以 IT 为中心的各种话题和潮流文章进行整理，总结后发帖，结果收获了很多业内人士及其他读者的关注。

现在也有这种趋势——比起新闻本身，观众更想知道作者对新闻的思考。因为比起单纯地传达事实，人们更想读懂文章的脉络。在媒体多如牛毛的今天，人们渴求具有个人见地的差异性新闻。就如《读新闻的女人》在 Facebook 上发帖后，关于该新闻的讨论就时有发生。参与讨论的人要么是从事与新闻相关的行业，要么是对相关话题有着浓厚兴趣的人。毕竟，这正好戳中了他们的"兴趣点"，所以即便花时间，也更愿意看这样的新闻分类整理报道。这也是我们要分类整理新闻的原因。

前面提到的 Quartz、Vice Media、Circa 等博客类全球性媒体，不仅单纯地表述事实，还融合了新闻生产者的见解和洞察力。

当 MCN 遇见广告

网红营销、原生广告、植入式广告

2015年10月,CJ E&M 旗下的游戏主播大图书馆与啤酒品牌分健力士(Guinness)合作,制作了原生广告形式的内容作品,名为《大图书馆:黑水传,口味挑剔的大图大人的选择——健力士黑碑》。该视频仅在 YouTube 上就播放了37万次。尽管已明确标识了这是一则广告,但仍然有很多人观看了这段视频,并分享和转发。区别于电视广告的影像形式和充满趣味的创意引发了一系列广告效应。

在 YouTube 上观看视频时,在播放视频内容之前,先要看完一段大概5~20秒的广告。通常,当必看时间读秒结束时,人们会立即点击"跳过"按钮。但是据说人们会特意寻找大图书馆的广告观看,可以想象广告商和广告制作者从中会受到多大的鼓舞。

消费者特意找来观看的广告!这可以从千禧一代的内容产品消费趋势中找到部分答案。千禧一代在寻找他们需要或喜欢的内容产品、信息方面很主动，沟通上也很积极。在此过程中，主播在与粉丝互动的同时，也积累了用户的需求反馈，从而不断提升用户对内容产品的满意度。主播的粉丝群体就是经由这种相互沟通形成的，而这样形成的粉丝群体的忠诚度很高。所以，网红、明星主播提到的产品，粉丝会信任甚至会积极购买。

网红兴起

曾经有段时间，超级博客的影响力非常大。不管是旅游、美食、书籍还是电子产品领域，以文字和静态图像为中心的博客吸引了很多人，产生了强大的影响力。如果想成为受认可的美食店，只要邀请几个美食超级博主就可以，这是公开的秘密。更何况，大企业也通过运营超级博客或大型网络社区开展各种营销。这样看来，超级博客应该算是网红的前身。

但现在，随着内容产品的中心从文字迅速转移到视频，博客的人气逐渐下降，如前文所提到的"明星主播""网红"占据了这个位置。

NAVER 宣布不再运营曾是其爆发性流量来源的超级博客，或许也是基于这一趋势。活跃在 Afreeca TV 或 YouTube 上的顶流主播基本上都可以被称为"网红"。此前，和他们合作的广告营销一直是以植入式广告的形式进行的。比如，向专业介绍玩具的主播赞助玩具，向美妆主播赞助新品口红，都是常见的做法。而现在已经超越了植入式广告的形式，进化成以内容产品为导向的原生广告的形式。

最先尝试原生广告的依然是前文提到的大图书馆，除了健力士啤酒广告，他为了宣传乐天公司的加纳巧克力，制作了原生广告《请回答，姐姐》。最终，加纳巧克力的销量增长40%，广告效果十分可观。

美妆主播 Ssinnim 制作了 Glossydays 和"心动"化妆包发售的联合视频。视频发布后，"心动"化妆包视频首发当日 3000 个全部售罄，由不包括化妆包的推荐单品组成的时尚套装在 3 天内被抢购一空。此外，该主播还与"Unpretty Rap Star Cosmetics"合作推出了名为"Brown Holic by Ssinnim"的新产品线。

在广告主看来，网红是一种性价比很高的营销方式。"Adqua Interactive"是一家以数字为中心代理社交媒体广告的公司，旗下运营着名为 Buzznet 的网红营销平台。其提供的资料显示，和网红合作的广告费用每场仅为目前与名人合作的电视广告费用的 13%。

借用一位朋友的话："广告商希望广告能让消费者产生共鸣，在让消费者点头的同时也能促成购买。那些在广告节上获奖的像艺术品一样的广告，只能算是个附庸。"

广告商斥巨资打造高质量的广告，或许能让人叹为观止，但如果不能提高该商品的知名度并促进销售的话，只能算是废物。也就是说，广告商希望花较低的成本，做出能引发观众关注、激发观众自发分享，以实现病毒性传播的广告。

对 YouTube 频道的数据进行分析可知，个人主播运营的频道占 40%，媒体公司运营的频道占 32%，企业等运营的频道占 17%。

而在韩国排名前 20 的频道中，有 14 个是个人主播频道。其中，大图书馆拥有 120 万粉丝，Ssinnim 拥有 98 万粉丝。这一数值超过了著名的 K-POP 音乐人频道拥有的粉丝。

从广告投放者的立场来看，他们没有理由拒绝网红营销，因为低成本能带来高收益。以 2016 年为起点，韩国广告市场正式迎来打破现有广告形式及渠道的多元化大变革，原本以名人为中心的广告市场，正逐渐被网红广告取代。

给原生广告披上名人光环

根据第一企划在企业博客上发表的《韩国 2015 年总广告支出结算及展望》，2015 年韩国国内的总广告费为 10.727 万亿韩元，同比 2014 年增长了 6.2%。受中东呼吸综合征（MERS）的影响，每年增长 2% 左右的广告市场比 2014 年增长了 6%，曾经停滞不前的广告市场出现了恢复势头。以移动业务为基础，从事游戏、房地产中介业务的企业支出了大量的广告费。

尤其是数字广告突破了 3 万亿韩元，在整个广告市场上的占有率超过了 30%。其中移动广告的市场规模为 1.2802 万亿韩元，相较 2014 年增长了 52.6%，可以说已经成为数字广告市场上的主角。预计 2016 年数字广告仍将比 2015 年增长 4.6% 左右，其中移动广告市场将增长 18.7%。

随着媒体消费的个人化和观众对内容产品消费行为的变化，广告主对媒体的广告动作也在发生变化。值得一提的是，2015 年韩国广告市场上生产和传播了大量原生广告和植入式广告。

快速读懂趋势的广告商开始采用双轨策略。一方面选用当红艺人制作广告，并在传统媒体上曝光——其中具有代表性的就是电视广告；另一方面，起用有影响力的知名主播，在各大社交平台制作相应的原生广告。部分有知名主播登场的原生广告得到了10~30岁年龄段的年轻人的热烈追捧，他们自发地分享和转载，使广告商充分享受到了口碑营销的效果。

朴宝剑的案例可看作新媒体制作广告的案例。他的原生广告并非电视广告，而是移动端广告。作为在人气电视剧《请回答1988》获得大量关注的演员，朴宝剑并未拍摄电视广告，而是参与了移动端专用广告的制作。

视频内容产品初创公司 72 秒向朴宝剑发出邀约，请他出演服装品牌 TNGT 的原生广告。这段视频的开场故事是：待业学生多鲁墨在面试中一直失败，听到人事主管说的"闭嘴，去买件像样的衣服穿"后大受刺激，来到 TNGT 定制西装。广告把主人公穿上西服就化身为朴宝剑、脱下又打回原形的样子刻画得非常诙谐。

原生广告最大的优点在于，观众在明知是广告的情况下也会兴致勃勃地观看，对内容会产生共鸣，并分享、回帖。以 Facebook 为例，尽管广告页面的展示会根据粉丝的特性及品牌认知度的不同而有所差异，但一般情况下，粉丝的每次分享可以起到将信息扩展至 200 人的效果。那么如果有 1000 人分享某个广告或相关信息，就能将影响力扩展至 20 万人。像这样，就内容通过病毒性传播的社交媒体的特性来说，原生广告可以说是很适合的形式。Nasmedia 曾在 2015 年对 2000 名互联网用户进行了使用行为调查。调查结果显示，通过社交平台观看原生广告的比例达到整体的 81.6%，其中 7.6% 的受访者表示分享过帖子，27.5% 的受访者表示点击查看过详细内容。此外，21.1% 的受访者表示会通过原生广告积极参与并推广活动。

总之，可以确定的是，在 Facebook、YouTube 等各种社交视频平台上，使用者中大部分都对原生广告有所认知，并且能够不带排斥地分享帖子，自发地传播。

近来，原生广告也证明了其与网站页面的横幅广告相比的效果。"IPG 媒体实验室 & 共享"（IPG Media Lab & Sharethrough）对比了两种形式的广告的效果，数据很有意思。

调查者向受访者询问，在看到原生广告和横幅广告后，愿意分享的意向如何。结果显示，愿意分享原生广告的占到了 32%，愿意分享横幅广告的占到了 19%；而对于购买产品的意向，原生广告以 52% 遥遥领先于横幅广告的 34%。

横幅广告曾是传统媒体的主要收入来源。1994 年，AT&T 率先推出了全世界第一个横幅广告，此后横幅广告得到了快速发展。AT&T 推出横幅广告时，广告的点击率高达 44%。但随着新媒体的出现和发展，内容产品的数量出现了爆炸式增长。为了吸引用户的注意力，广告商开发出了搜索、诱导点击等多种技术，但这些技术也会让人们进一步回避广告。不仅如此，在各种变化和竞争中，横幅广告的点击率下降到了平均 0.1% 的水平。也就是说，在每 1000 人中，只有 1 人点击横幅广告。

从初创期 44% 的点击率来看，现在横幅广告的效果完全处于低谷，但这并不是说横幅广告毫无用处，人们仍然会点击自己感兴趣的横幅广告。

原生广告在新媒体出现及横幅广告衰落的大环境下，在提高内容产品竞争力和创意性的过程中，自然而然地占据了一席之地。所有广告的目的都是吸引人们的注意力，为此我们必须在内容产品中加入更多共情的要素。如何让观众津津有味地看完广告，同时又能引发二次病毒性转发，广告商们始终在不知疲倦地寻找着答案。

植入式广告——《内在美》

植入式广告是企业向消费者传达信息的一种方式，通过提供对读者有用的信息、有趣的故事间接引出品牌。比起原生广告，植入式广告需要更隐秘和深度的策划。

植入式广告以影像、音源、网络漫画等形式呈现，它绝不明目张胆地在任何地方做广告,观众并不认为那是广告,他们只关注内容产品的娱乐元素,认为是乐趣、看点。这种自然地对作品的共鸣性分享、评论和转载等病毒性传播方式有着极佳的效果。

植入式广告的典型例子是英特尔和东芝制作的《内在美》(*Beauty Inside*)。它讲述了每天早上一起床就变成另一张脸的男人爱上了一个女人的故事,全篇由六个小故事组成。

英特尔、东芝的《内在美》在 Facebook 和 YouTube 上发布。其中有这样一个场面,主人公 Alex 用网络摄像头拍下自己每天的新样貌,用影像记录每一天,通过 Facebook 与观众互动。

Facebook 为用户提供《内在美》的试镜脚本,用户可以自己制作并上传视频日记。视频获得其他用户最多点赞的"Alex"会被选中并出现在真正的花絮中。从剧集的最后一个故事的片尾来看,1~59 号都出现了,其中包括很多不是演员的普通用户。

"Intel Inside"是英特尔公司的经典宣传口号。这个宣传口号想让公众记住的信息是:"只有搭载了英特尔的电脑,才是好产品,才有价值。"因此,它们发布的视频《内在美》就是在非常隐秘地传达"有英特尔才完美"。

《内在美》的播放量超过 7000 万次,Facebook 上的评论超过 2600 万条。在发布内容产品的活动期间,英特尔和东芝的品牌知名度分别上升了 66% 和 40%，而这期间的产品销售量比前一周增加了 300%。提高企业形象的同时增加了营业额，可谓一石二鸟。2015 年上映的由韩孝周主演的韩国电影《内在美》则借用了这个作品的外壳。

另外，2016 年 4 月，Facebook 突然决定允许已认证的名人或媒体在企业的赞助下曝光原生广告和植入式广告。Facebook 的这一举动可以解释为，它认识到原生广告不仅对于广告行业，而且对于新媒体及网络渠道都是重要的收入来源，Facebook 也将以广告平台的身份正式开始行动。

当然，企业在上传这些内容产品时，也有义务在上面贴上"植入式广告"的标签，让观众知道自己在看广告。当将原生广告或者植入式广告进行标签管理时，积累相关大数据就变得简单了。这些数据最终将被加工成对广告商和 Facebook 双方都有意义的数据，可为广告、促销、营销活动等提供参考。

当 MCN 遇见电商

MCN 如何卖东西

"广告商花钱是为了提高自己的品牌价值,用广告商认为最合适的人代言是理所当然的事。因为他们会从自己拥有的产品及对目标客户产生的影响力方面去考虑。因此,不能否认广告商要将注意力集中在特定的创作者身上。"2016 年 5 月,在亚洲最大的内容文化节"2016 韩国釜山国际影视节目展"上,CJ E&M 局长李学成(音译)如是说。

该活动在釜山会展中心举行,活动以"MCN,是金矿还是一场空"为主题进行了小组讨论,话题涉及近来猛增的 MCN 和广告市场的结合、媒体商务的未来等。讨论的结果是,MCN 是金矿。最后,以"通过各种商业模式的发展和与传统媒体的相生关系,MCN 将走向进化形态"结束了讨论。

几年前,韩国内外的 MCN 机构就开始制作原生广告、植入式广告。随着视频平台直播服务的启动,媒体商业市场的大幕正式拉开。

亚马逊推出了电视购物形式的现场秀《时尚密码现场》(*Style Code Live*)。这是一档美妆脱口秀节目，具有网络商务节目的代表性。节目中，主持人在现场展示商品、与观众实时对话，及时满足观众的好奇心，观众如有需要也可现场购买。

传统的电视购物的购买引导依赖于展示商品特性和节目主持人的讲解，节目主持人对消费者购买的影响力不可小觑。

在通过网络或移动的直播电视购物中，主持人的作用同样重要，但是观众和卖家（主持人）可以实时沟通，这对购买是十分强大的决定性因素。

最近火爆的网络电视购物节目 *Pig Live* 和《木槿花开了》，与家庭电视购物并无二致，都是现场直播。节目设有主持人，主持人对商品进行解说，销售商品。不同之处在于，主持人可以通过实时对话与观众直接沟通。但有趣的是，偶尔会看到主持人不是在讲解产品，而是在倾听观众的烦恼，或是分享日常生活中的八卦。

在 *Pig Live* 工作两年的某已婚节目主播，比起对物品的解说，更倾向于讲述婚姻生活中发生的矛盾和苦恼，倾听观众的故事，并在现场营造解决问题的气氛。但是这位主持人被称为"售馨女"。为了卖东西而只专注于谈论商品并不是万能的。值得注意的是，消费者会信赖"倾听我故事的人""分享烦恼的人"销售的商品，并自然地决定购买。

虽然是购物节目，但感觉像是观众的烦恼咨询室、聊天场所，通过卸下观众的心理防备，最终实现购买。这就是 MCN 所擅长的领域。

这不仅仅是卖货的直播，通过打造沟通互动的线上环境，主播们也陆续地打开了电商的大门。纵观以 Afreeca TV 直播间为代表的人气主播，善于与观众互动的主播的人气普遍较高。虽然主播的人气仅次于明星，但他们就像邻家大哥大姐一样，可以亲切交流。主播会倾听观众类似"我昨天吃了什么"的话题，而观众可以感受到与知名艺人无法分享的实时共享感，主播们则尽最大可能产生共情并提供安慰。人气主播使用的产品或服装也随之人气飙升，这使得粉丝和电商有了关联。随着市场日趋成熟，广告商开始关注主播和粉丝文化，继广告之后，他们正将主播引入电商市场。

MCN 与电商交互的切入点就在这里。电商的核心是商业交易，是金钱，是收益。

销售大战综艺

化妆品企业伊思（It's Skin）开办了名为"It's Beauty Shopping Show"的新概念电视购物直播，并且邀请了 MCN 明星主播和笑星们进行电视购物现场对决。大图书馆、杨叮、公司职员 A，以及笑星许京焕和张度妍分别出场，比赛共分为四轮，看谁卖出的伊思产品更多。该直播在 Afreeca TV、伊思官方 YouTube 频道、Facebook 移动版和微网站同时进行现场直播。

直播开始不到 10 分钟，Afreeca TV 内的相关实时搜索就登上了榜首，消费者在实时对话框中留言，反响相当火爆。这是一场每位主持人施展个性和口才的现场对决，有趣的是，主持人大图书馆的销量比其他主持人都高。在长达 4 个小时的直播中，平均每 30 秒就卖出 1 件产品。这次活动的结论是，请网红担任节目主持人进行电视购物、在线直播，可以充分利用网红的媒体力量来获得成功。

网上商城和 MCN 合作

网上商城 Gmarket 和 CJ E&M 集团开展了"YouTube 明星购物的复仇者联盟"促销活动。这是典型的 MCN 联合型商务项目，在形式上并无特别之处，以电视购物直播的形式进行。该活动吸引了 Ssinnim、大图书馆等 12 组人气主播的参与，节目登上了

YouTube、Facebook 和 Afreeca TV 的个人频道。

游戏、美妆、食品、娱乐等各领域的主播代表可以将各自选定的产品做成介绍视频上传销售。大图书馆卖猪鼻贴、Ssinnim 卖化妆棉、奔驰小哥卖鸡排，蔚山鲸鱼、Lamuqe、Cuckoo Crew 则分别选择卖键盘、假睫毛、汽车等。这次活动是为了支持中小企业销售产品而举办的，最后圆满结束。

大图书馆、Ssinnim、Cuckoo Crew 和奔驰小哥上传的视频在 YouTube、Facebook 上的点击量达到了 420 万次以上，蔚山鲸鱼、Lamuqe、Dave、Heopop 等介绍产品的视频的点击量也超过了 100 万次。另外，他们所选的产品还登上了 Gmarket 的畅销榜，在促销期间，20 多岁观众的购买量比前一周增加了 30 倍左右。入选的 12 款产品的销量少则增长 10 倍，多则增长 200 倍，Gmarket 的平均销量增长了 6 倍，凸显了实际销售成果。

此外，根据 inews24 主办的《移动平台时代的营销成功策略》发布的数据，CJ E&M 在 2016 年 6 月的视频累计播放量达到 850 万次。调查结果显示，活动以后，产品认知度提升了 96%，消费者对产品特性的了解增长了 92%，购买意向增长了 87%。

美妆专家 Leferi 与薇美铺

MCN 美妆专家 Leferi 与社交电商薇美铺（wemakeprice）一

起，为我们提供了时尚媒体电商的成功案例。Leferi 旗下的主播在薇美铺上销售新晋设计师品牌的产品，销售以好物推荐（haul）和造型形式进行。

所谓好物推荐形式，并不是由专业模特主持直播，而是由主播亲自穿着衣服，讲解服装搭配和造型技巧。

要知道，由熟悉的主播亲自穿上衣服并进行讲解，这对消费者的购买决策有着决定性的影响。这个案例被认为在成本和销售的有效性方面，取得了比明星出场做广告更高的成绩。

借力 MCN 的电商企业

既是综合购物中心，又是网络商城的 Interpark 也敲响了电视购物直播市场的大门。通过与网络和移动电视购物频道《木槿花开了》合作，推出了名为 *Live On Shopping* 的节目。

该节目在周一至周五下午 1~2 点播出，每天以自由市场最低价销售 1 件数字家电产品，这是 MCN 和电子商务相结合的产物。

该服务开放了直播聊天功能，专业主持人通过聊天窗口实时解答观众提出的与购买相关的问题，以及产品配送和售后服务方面的疑问。同时,专业主持人还会提供产品信息和评价。

与现有的电视购物或电子商务相比,直播购物的手续费率较低,降低了企业参与的门槛。对企业来说,好处是可以获得宣传和销售渠道;对观众来说,好处是通过参与实时聊天,获得商品的详细信息,以便理智地消费。

另外,CJ O-Shopping 通过《1 分钟电视购物》推出了节目主持人在 1 分钟内介绍热门商品的节目。

GS 电视购物通过专门的 MCN 手机应用程序"日播",使用专用的聊天工具与观众进行沟通,推出了以节目主持人及人气主播为主角的电视购物直播。

社交商务企业 Tmon 推出了 *Tmon Live TV*。将商品介绍视频上传至拥有超过 140 万粉丝的 Tmon 的 Facebook 页面,最大限度提高了曝光率。2000 人同时在线观看 Tmon 的内容产品,每集的播放量几乎都超过了 5 万次,人气相当高。

除此之外,现代电视购物开设了"BJ 吃播"、现代 H 商城开设了"MD RealTalk"、新世界开设了"新世界电视购物"、乐天开设了"Playshop"等,媒体领域正在迅速借助 MCN 扩大商品销售市场。

媒体电商和主播

在 2016 韩国釜山国际影视节目展上,宝藏猎人的理事朴振宇就直播节目发表了这样的讲话。

对于在 Afreeca TV 上活动的主播来说,他们的直播做得很好,即兴表演也很出色。但是在小房间里独自进行直播和在正式的演播室里进行直播不可同日而语。托粉丝们的福,我经常被邀请到演播室参加讨论,经常听到 YouTube 粉丝数下降的事例。现在的关键是让明星主播们打破自己的内容产品框架,让他们在更广阔的舞台上活动,因为只有这样才能在世界舞台上施展才华。

借力 MCN 的主播,媒体电商之门正在打开,但这并非适合所有的主播。市场上要有广告商想要的面孔,也要有观众想要的面孔,同时也需要有适合商业直播的直播类别,以及能够将现场舞台从家中搬到开放式工作室的主播。比如,游戏主播进行现场直播并不难,但是美妆主播或者制作美食的主播们则可能不太适合现场直播的形式。

凡是适合现场直播形式的主播,都能快速进入自媒体电商市场,获得远高于目前收入的报酬。这就需要主播能够打破自己的窠臼，充分发挥聪明才智和干劲。

适应自媒体商业的主播可以在传统的 MCN 商业模式上更上一层楼，在新的市场中发挥更大的影响力，抢占先机的主播则有望分得市场的一杯羹。MCN 机构的主要课题之一就是培养这样的主播。

媒体电商将成为 MCN 未来的一块蛋糕，它将变得和广告市场一样重要。

当产消合一遇上 MCN

20 世纪 80 年代，阿尔文·托夫勒在其著作《第三次浪潮》中谈到了生产消费者（prosumer，产消者）这个概念。所谓生产消费者是生产者（producer）和消费者（consumer）的合成词。

他预见，当产消者出现时，原本只能被迫消费的消费者将通过各种渠道参与到产品的生产、开发中，并直接反映自己的意愿，无视这种浪潮的企业将被淘汰。

正如阿尔文·托夫勒所说的那样，企业通过制造产品、制作还不错的广告来诱惑消费者的传统营销正走向终结。现在是只有让消费者对品牌产生认知，才能最终链接到商品销售的时代。给消费者留下"这是好的产品，要买"的认识，也是营销的核心。

消费者对产品如何产生自己的想法？他们身边充斥着各种媒体，不断施加着影响。如今，媒体已经多如繁星。过去，可以将媒体看作专业性的同义词，但现在业余媒体早已遍地开花。在 Naver 上安营扎寨的数千万博客不就可以视作媒体吗？

YouTube 上发布的可能是某位爸爸的玩具评论视频，也可能是新闻报道中的专业厂家的点评。不管它是什么，消费者都能从无数媒体中获取信息以及广品的形象。

或者，积极的消费者谈论的不仅仅是信息的简单获取，还讨论产品的不足之处和需要改进的地方。善于经营的企业也会对此做出反应，推出定制产品。也就是说，生产者和消费者之间的界限不再像过去那样明显，而是在一定程度上模糊化了。

前面提及的自媒体、MCN 制作的各种营销广告，基本上都和产消者不谋而合。MCN 机构制作的原生广告、植入式广告、网红营销、媒体商务中成功的内容基本上都是消费者所寻找的广告，也是消费者所希望看到的广告。

制作并提供他们想看、想享受的东西，这是符合时代的方式，也是商品大卖的方式，更是连三岁孩童都知道的事实。但是，从

"想看、想享受"的大命题中找到细分取向并非易事。

因此,做数字内容产品的企业应将精力投入到内容产品管理系统(Contents Management System,CMS)的建设中。内容产品管理系统可以帮助消费者发现,他们对哪些内容更有触动,他们在阅读哪些文本上停留了较长时间,他们在消费时常搜索哪些关键词。数字内容产品市场目前正在由消费者创造,因此企业正致力于创造吸引他们视线的产品。

虚拟现实也变成了 MCN 内容产品

由于技术的进步,一直以第一人称视角进行的节目形式正在发生改变。在 Afreeca TV,通过网络摄像头、麦克风和简单的照明设备与观众一对一沟通的方式正在发展成多视角直播。最近,各种智能设备通过无线网络连接,使得多视角直播成为可能。主播从以往只进行正面拍摄的第一人称视角的摄像机中解脱出来,可以进行不同角度的现场直播。

Buzzfeed 推出的 Facebook 直播节目《切达》(*Cheddar*)甚至达到了直接借用电视上的新闻形式,在同一个直播间连线多个演播室的主持人，视频底部则滚动播放新闻字幕。

此外，随着虚拟现实设备的性能和技术日趋完善，各种各样的 VR 作品也出现了。即便在 MCN 的主播中，潮流先锋们也在制作结合虚拟现实的作品。

Maker Studio 作为有代表性的全球化 MCN 机构，其旗下的游戏主播 PewDiePie 最近玩了各种 VR 游戏，同时上传了转播视频，引发了热烈的反响。观众不仅可以观看录播视频，还可以观看现场直播。

在韩国，Afreeca TV 的主播们也尝试了 VR 游戏直播。他们以大学为中心，通过 VR 直播的形式呈现了大受欢迎的密室逃脱游戏。主播们在安装了 360 度 VR 直播摄像机和 2D 固定摄像头的房间里挑战密室逃脱并现场直播，观众可以实时观看，并且尽可能让观众感到和参与者保持一致的节奏，这完全就是一场现场秀。由此可以预见，这种直播尝试将会对线下的各种活动开放，展开一幅全新的景象。

2016年3月，韩国电信公司首次对棒球比赛进行全球VR直播。直播服务被称为"千兆VR"，在赛场内的一楼、三楼和捕手席设置了VR专用摄像头，将拍摄的视频进行实时组合后提供给观众。该VR直播视频可以在智能手机上实现360度旋转观看，也可以通过Cardboard、GearVR等设备观赏。

VR直播从包括棒球比赛现场直播、音乐会、粉丝签名会等多种文化空间在内的直播开始起步并扩张，有望引领新的数字内容产品时代。这种VR直播也将在Facebook等提供直播服务的视频平台上普及，预计内容产品制作方式将会发生很多变化。

2016年4月，Facebook在开发者大会上宣布，将在Facebook飞书信（Messenger）内推出一款带有VR功能的聊天工具。利用该聊天工具，通过VR可实现虚拟空间，在其中的用户可以像现实见面般对话。

与传统的文本型聊天工具不同，VR聊天工具是发布展示各种广告的最佳场所，这可以成为传播、企业制作以及传播广告内容产品的新平台。

如果把目前MCN内容产品的主流形式看成原生广告、植入式广告、网红营销和媒体商业的话,那么接下来的市场将会是VR直播、VR广告和多视角直播。

第 4 章

平台，内容！
巨鳄的对决

Facebook 的梦想：做所有内容的平台

YouTube 的堡垒正摇摇欲坠

2016 年 5 月，在 2016 韩国釜山国际影视节目展上，Vast media 的联合创始人马蒂亚斯·普希曼（Matthias Puschmann）曾说过，全球的网络视频观众平均每天使用 40 分钟观看在线视频。其中 50% 通过移动端，33% 在家以外的地方收看。也就是说，视频产品的消费主要通过移动端来实现。

YouTube 处于该生态链的核心地位，促进了 MCN 产业的产生和不断成长。在这个过程里，MCN 游离于新媒体和传统媒体之间，试图脱离 YouTube 创造一个新的领域。

YouTube 上每分钟都有 400 小时时长的视频内容上传，截至 2016 年 6 月，YouTube 上已经有 20 亿个视频内容，累计播放 39 万亿次。换算成时间就是 196 兆分钟，平均每个视频播放 5 分钟。如果重新计算，视频播放时间总共有 4 亿年。假设人的平均寿命为 80 岁，这个播放时间相当于 500 人从出生到死什么都不做只看

YouTube 视频的时间。

最重要的并不是内容的数量和时间的总和，而是 1% 的视频占据了 93% 的内容播放时间。也就是说，MCN 机构的存亡在于能否保住自身的撒手锏作品。MCN 机构要以 YouTube 生态链中积累下来的实力和资本为武器，集中生产付费内容，在多个平台播出或经营自己的平台。

YouTube 有很多苦恼，这是因为创作者和 MCN 机构一直在不停地退出并打造自己的平台。另外，随着相似或者更先进的平台的诞生，市场竞争也日趋激烈，其中 Facebook 和亚马逊正在撼动 YouTube 的根基，YouTube 的堡垒正摇摇欲坠。

Facebook 变了

Facebook 在 2016 年 4 月推出了直播功能，任何人都能使用智能手机开播，这就是"Facebook 直播服务"。该服务支持上传文字、图片、已拍摄的视频以及实时直播，这是一个非常大的进步。在个人用户觉得这个新功能很有趣的同时，企业用户已经开始研究如何才能利用这个功能来达到宣传和营销的目的，广告业更是已经在考虑如何将此功能与广告无缝链接了。

当然，也有人怀疑这能否成功。对于此事我并不敢断言，下面的案例只是给我们展现了一个契机，让我们稍稍思考一下直播视频成功的可能性。

曾在2016年4月9日直播的名为《用橡皮筋勒破西瓜》的视频正是如此。视频的内容是两个穿着实验服的人往放在桌上的西瓜上套橡皮筋，直至西瓜破裂。从套第一根像皮筋到西瓜破裂共用了40分钟，共计套上了680个橡皮筋。每增加一个橡皮筋，实验者紧张的表情都通过直播实时传达给了观众。虽然视频的内容并不是什么大事，但这充分地激发了观众的好奇心。这个视频的实时观看人数达到了80万人，加上直播结束后2个月内的点击量，观看人数达到了1000万人。

Facebook的直播在结束后会转存成视频资料，这是Afreeca TV的实时直播和YouTube上传录播视频方式的结合体，同时具有直播的实时性和在何时何地都能回放的视频点播（VOD）功能。

我们再来看一个事例。虽然这是一个非常小的例子，但可以激发我们对直播营销的思考。

2016年5月20日，一个名为康迪斯·佩恩（Candice Payne）的普通家庭主妇，同时也是两个孩子的母亲，戴着买来的《星球大战》中楚巴卡的面具放声大笑的视频通过 Facebook 直播展示给了观众。不知是不是因为她的笑声感染力太强,在直播后的 3 天内,她的"大笑视频"的点击量超过了 1.5 亿次。Facebook 直播的最高转发纪录也达到了 330 万次。通过此次事件,康迪斯出演了 ABC 最红的节目《早安美国》(*Good Morning America*),并接受了马克·扎克伯格的邀请,一跃成为明星。

但事实上,这个视频的最大受益者是美国知名购物中心科尔士(Kohl's)百货。百货店赠予康迪斯以及她的每个家人楚巴卡面具,还赠送了《星球大战》的玩具套装和 2500 美元的商品券,并把赠送仪式的照片上传到了 Facebook。这张照片得到了 20 万点赞以及 7 万次转发。可以说这是一个以最快的速度、最低的价格达到制造话题与自我宣传目的的成功案例。

Facebook 内部也认为自己的视频内容的主要消费群体是 18~24 岁的年轻人,而直播视频服务可以扩大用户的年龄段。这表明,它正试图扩大狭小的用户目标群体,变身为一个面向所有年龄段人群的媒体。最近,随着媒体、企业的加入,Facebook 直播视频服务目前已经进行了无数次的测试。

Buzzfeed 做的是新闻类直播,比如 Buzzfeed News 和 Cheddar 就是这种类型。虽然 Cheddar 的粉丝只有 2 万多,但每条视频的点击量却高达 2 万~3 万次。Cheddar 节目邀请十几岁的青少年参加有关经济的讨论，与其他 Facebook 直播视频不同的是，它是高清视频，底部是滚屏新闻，把之前的经济类电视节目的形式原封不动地移植到了 Facebook 直播上。

韩国国内的媒体也正把直播服务应用于开箱频道、现场转播、媒体晨会等。人们正在通过各种尝试来寻找吸引用户的内容和播放形式。

Facebook 的直播服务由多个主体策划并发布。在进入一定程度的稳定阶段后，预计会有企业借此寻求能够创造收益的方案。很显然，这些企业将会是广告公司和一些需要宣传自己品牌的公司。就像往常一样，Facebook 会根据要求做出相应的广告商品并以此谋利。

Facebook 的心头肉——视频

Facebook 最近在社交网络服务市场的份额渐入佳境。被称为"自媒体的宠儿"的博客和以简短、实时的方式大热的 Twitter 正在逐渐消失，人们正在慢慢接受 Facebook。

从自媒体的角度来看，Facebook 对主播来说似乎比 YouTube 更具吸引力。从主播的立场来看，如果已经在 YouTube 上安营扎寨，就没有理由非要放弃 YouTube 而将自己的频道转移到 Facebook 上，但是如果想成为新的自媒体主播的话，Facebook 似乎更合适。

Facebook 有着能让一个内容在熟人和有相似兴趣的人之间呈金字塔式传播的独特算法，这是人们创造内容的有力催化剂。无论是简单的文字、图像还是视频，都会第一时间被发送到朋友的动态消息中。只要是在好友名单中的人，就很有可能给出点赞、分享、评论等动作。这种动作就像一种养分，能让内容像持续繁殖下一代一样呈金字塔式传播。

人们在 Facebook 上像写日记一样随时发布自己的日常生活，逛游乐园、吃美食、旅行、看演出、见朋友，甚至上传一些在家中无所事事的内容。

如果那些鸡毛蒜皮的内容引起了熟人的关注并被分享，内容创作者就会更加受到鼓舞而继续发帖。不仅是日常生活，也会从政治、经济、社会、文化等方面发表自己的意见或分享知识，从而追求更高层次的交流。

拥有最简单却又最强大的内容扩散方式的 Facebook，正日益成长并吸引着人们的关注。由此我们可以判断，作为自媒体平台的 Facebook 比其他竞争对手更胜一筹。

这里需要关注的就是用户上传的内容类型。Facebook 曾经是 Twitter 的替代品或补充，但现在 Facebook 已经完全超越了 Twitter，并正朝着超越 YouTube 的视频平台方向进化。

自 2015 年 1 月起，Facebook 的视频帖同比增长高达 75%。单从美国来看，同比增长了 94%，每天播放的视频量高达 10 亿次。

韩国市场的增长势头也非常惊人。2016 年 6 月，YouTube 占据了视频内容市场 40.3% 的份额，稳居第一。Naver tvcast 和 Facebook 的份额分别为 14.1% 和 12.8%。与同年 3 月相比，Facebook 的使用率提高了 83%，Naver tvcast 提高了 41%，而 YouTube 只提高了 35%。这意味着在视频平台市场独占鳌头的 YouTube 的影响力正在减弱，Facebook 和 Naver tvcast 却在飞速增长。

Facebook 致力于向视频内容平台转型的想法可以从其创始人马克·扎克伯格 2015 年 7 月的演讲中找到。他说："回顾 10 年前，大部分的沟通都是通过文本实现的。现在虽然大部分沟通是通过图片和照片，但是视频沟通的比例正在无限增长，在此之后 3D 沉浸式内容将成为市场主力。"

2014年3月，Facebook以20亿美元收购了Oculus Rift，马克·扎克伯格早就预测了视频和虚拟现实时代的到来。Oculus Rift是一家专门生产VR设备的厂商，一直以来都受到索尼和谷歌等企业的关注。

但Oculus Rift却拒绝了来自其他企业的并购，选择了Facebook。与其说它依附于Facebook，不如说它从Facebook的业务中看到了合作的未来。

Facebook——病毒式传播的宠儿

Facebook强大的病毒式传播能力在艺人走红的过程中体现得淋漓尽致。

女团EXID就是受益于Facebook的代表性事例。2015年，EXID的歌曲《上下》(*Up & Down*)曾掀起了热潮。这个团体在2012年曾以歌曲《那个女孩是谁》(*Whoz That Girl*)出道，但并没有受到太多关注。正式获得人气是从2014年在坡州的一个活动上，粉丝们将拍摄的视频上传到Facebook上开始的。视频被大量转发，之后包括出道歌曲在内，过去曾发布的歌曲也引发了热潮，出现了所谓的"逆袭现象"。

还有一些通过改造视频使其适合在移动设备上播放而获得成功的案例。韩国歌手白娥娟的《早知如此，何必当初》、刘承宇的《拿出来吃》、Mamamoo 的《嗯噢啊耶》、金娜英的《会怎么样呢》等歌曲都在此后才获得了人气，而文化资讯企业 Makeus 在其中的作用功不可没。

2015 年 6 月，Makeus 推出了名为"竖屏直播"的移动端专属内容。竖屏直播可以让观众在不转屏的情况下，通过移动设备全屏观看视频。

Makeus 获知了"Snapchat Discovery"的实验内容，即"纵向拍摄的视频广告比横向拍摄的视频广告的集中度更高，因此观众将广告看完的概率是横向画面的 9 倍"。

Makeus 将此结果引入现场视频内容中，制作了一档被称为《竖屏直播》的视频节目，获得了相当高的人气。白娥娟演唱的《早知如此，何必当初》进行竖屏拍摄后被发布在 Makeus 的主要 Facebook 频道"让普通人起鸡皮疙瘩的直播""世界上最让人起鸡皮疙瘩的直播"和"女人的视频"中。上线 10 天，点击量突破 160 万次，点赞 47 000 个，评论 10 000 条，转发 4500 次。原本歌曲发布两个月后一直徘徊在 Melon 榜单前 30 名之外的《早知如此，何必当初》一跃位居榜单首位。

继白娥娟的逆袭案例，Makeus 邀请刘承宇拍摄了竖屏直播。以刘承宇的《拿出来吃》为例，刘承宇一边弹着吉他，一边将《拿出来吃》以摇篮曲的甜美风格唱了出来，发布 3 天后点击量就达到了 282 万次，获得了爆炸性的人气。

借着这股势头，许多个人用户上传了刘承宇版本的《拿出来吃》吉他弹唱视频，实现了再次裂变式传播，不仅在 Naver 实时搜索中排名第一，也登上了 Melon、M-net、Olle Music 实时排行榜的榜首。

以上案例都是 Facebook 强大的传播效应的证明。在以传播为重点的娱乐界，Facebook 就如同爱的呼唤。

蚕食新闻媒体的 Facebook

2016 年 5 月，皮尤研究中心公布的数据显示，在美国，44%左右的人通过社交媒体平台获取新闻消息。美国成年人中，62%的人以社交媒体（以 Facebook 用户为例，有三分之二的成年人使用 Facebook）作为新闻消费窗口。

为了让所有的新闻消费都能在自己的平台内完成，Facebook 在 2016 年 4 月 12 日向所有媒体开放了 "Instant Articles"。以前在移动设备上查看新闻时，需要点击 Facebook 上发布的新闻链接进入相应的主页，但是用 "Instant Articles" 方式发布的新闻，可以直接在 Facebook 内看到，不用跳转到其他网站或平台。这是一个使所有内容都在 Facebook 页面内消化的战略中的一部分。

2015 年 5 月这个项目首次公开时，海外的 Buzzfeed、《纽约时报》、韩国的 SBS 参与了试运行，2016 年所有使用 CMS 的内容企业都可以使用 "Instant Articles"。

那么新闻媒体还剩下什么呢？如何接受费尽心力制作的新闻内容在其他平台而不是自己的平台被消费的现象？新闻媒体的主要收入是广告，自己的网站必须要有相当高的点击率才能吸引广告商，并产生相应的收益。新闻媒体当然不会心甘情愿地接受 "Instant Articles" 的方式。

但在人们都使用社交平台的情况下，只使用自家的门户网站发布新闻只能被孤立。Facebook 方面表示，使用 "Instant Articles" 时的广告收益将与新闻媒体三七分成，新闻媒体便开始扮演起内容平台中新闻供给方的角色。

正如传统制造业从属于传播业一样，新媒体领域也是零售掌控生产的典型表现。收益分成率未来如何变化不得而知，但 Facebook 影响力的变化对收入分成的比例也会产生巨大的影响。Facebook 一向如此。

人气页面——自成广告媒体

当 Facebook 成为社交媒体平台的主流市场，甚至开始蚕食原有的强大门户网站的影响力时，一种新的盈利模式就产生了。这并不是平台的运营主体 Facebook 创造的，而是其生态系统内滋生出来的盈利模式。如果说 YouTube 上有制作视频的创作者，那么 Facebook 上就有拥有数十万、数百万粉丝的 Facebook 明星。

虽然有为个人或企业品牌推广而设的页面，但也有因精通 Facebook 服务器的个人用户创作出传播性很强的有个性的内容而聚集了大量粉丝的情况。不难发现，他们上传的内容会有上万点赞和数千万次的转发。

有广告需求的企业不会错过这样的页面。它们将这种人气页面视为可以推销广告内容的重要媒介而投放广告。举一个很细节的例子，中小品牌化妆品企业的营销人员表示，根据粉丝数、平均点赞数的高低，广告的单价也会存在差异。在人气高的Facebook个人用户或者人气页面中，每次投放广告时，少则需要支付5万~10万韩元，多则需要支付100万~300万韩元的费用。如此算来，就会有每个月广告收入达到数百万、数千万韩元的Facebook网红。

对于因成本问题难以进行电视广告等大众营销的中小企业来说，这种使用最低成本而达到高效率效果的社交平台，无疑是一种如及时雨般的救命式的营销手段。

实际上也有经营Facebook红人的MCN，它们从企业招揽广告，再安排关联性高的创作者将广告内容置入其Facebook页面。这就是创作者们不仅在YouTube，甚至还在Facebook等多个平台上开设自己频道的原因。

亚马逊的梦想：做内容王国

瞄准 YouTube 与奈飞

在韩国只要提到亚马逊，人们就会想到美国最大的网上书店、海淘网站。但亚马逊目前正在打造一个庞大的王国，包含商务、物流、数据及内容，尤其是在数字内容方面值得关注。

以 2016 年 6 月为基准，亚马逊金牌（Amazon prime）服务是一款年费为 99 美元的付费内容服务，用户达 6000 万人。用户可以享受亚马逊提供的所有内容，包括 Prime Music、Kindle 电子书、电视和电影。亚马逊还另外推出了每月 8.99 美元的收费服务亚马逊金牌视频（Amazon prime video）。相比亚马逊金牌服务，亚马逊金牌视频进一步强化了视频内容的服务。

早在 2013 年，亚马逊就开始自主制作质量优质的收费内容，这些内容都是基于加强流媒体服务的策略，此举被外界解读为针对奈飞的布局。

奈飞是全球最大的视频流媒体公司，截至 2016 年 6 月在全球拥有 8000 万用户。每月支付 9.99 美元就可以收看电视、电影、电视剧等多种内容。YouTube 也不甘落后，在 2015 年推出了每月 9.99 美元的名为"YouTube Red"的付费服务。

首先，亚马逊金牌服务比奈飞和 YouTube 便宜 1 美元。特别是亚马逊视频直播（Amazon video direct，AVD）被视为针对 YouTube 而推出的服务。该服务是向制作内容的企业或个人开放的视频平台，像 YouTube 一样，用户可以上传视频并获得收益。如果说有什么区别的话，YouTube 仅有广告收益，而亚马逊视频直播则根据设定方式、曝光的形式等，收益模式更多元化。

例如，如果将上传至亚马逊视频直播的视频注册设为亚马逊金牌会员来销售，则根据观众观看内容的时间来确定收益。如果观众收看 1 小时，在美国地区的收费为 15 美分，在美国以外的地区的收费为 6 美分，依此类推。收视收益最多可以达到 50 万小时，因此，创作者每小时可以获得 3 万 ~7.5 万美元的销售额。

如果使用按篇付费的亚马逊即时视频（Amazon instant video）来销售，内容创作者将从亚马逊获得付费销售、租赁等产生的 50% 的收入和广告销售净利润的 50%。同时根据播放次数或粉丝的增加，也可以收取版税。亚马逊视频直播多样化的盈利模式不仅对创作者，而且对观众和平台运营商都是双赢的方案。

以创作者为例,对于现有的在 YouTube 上活动的 MCN 机构,包括想脱离 YouTube 的机构,以及活跃在北美地区的电影制片公司、制作优质内容的个人创作者都可以在亚马逊获得对内容的合理的定价与评估。

从观众的立场来看,并不一定要成为亚马逊金牌会员,即使不付会员费,也可以通过观看视频前播放的广告而获得免费观看视频的权力。

以平台主体亚马逊为例,即使没有大笔投资,亚马逊通过新服务形式在加强针对亚马逊金牌会员的内容供需的同时,吸引奈飞和 YouTube 的个人用户。亚马逊发布该项服务后,这种期待得到了证实,亚马逊的股价出现了暴涨。

亚马逊也有鼓励创作者的政策,比如 AVD Stars 每月为视频直销排行榜前 100 名的内容创作者提供 100 万美元的支持。亚马逊的原创系列《皮尔工作日》是一款制作成本颇高的内容,通过这样的创作者促销活动,可以以低成本确保优质的内容,同时期待促进视频直接内容的供求良性发展。

亚马逊视频直播的合作伙伴包括 IT 媒体 Mashable、《卫报》、Business Insider 等媒体企业,以及 MCN 机构 Machinima 和 CJ E&M America,还包括影视制作公司纳思特娱乐、玩具制造企业美泰、电影发行公司 Samuel Goldwyn Film 等。以此看来，亚马逊准备向包括 YouTube 在内的全球 OTT 发起总攻势。

亚马逊注意到，YouTube 一直是一个挖掘主播的平台，亚马逊也想用这样的概念来批量生产亚马逊视频自己的主播。正如凌驾于好莱坞明星之上的 Holly Tube 在千禧一代中建立了粉丝群一样，亚马逊也表现出了攻占下一代的主要消费群体——千禧一代的意愿。

目前，亚马逊视频直播进入了美国、德国、奥地利、英国和日本市场。在忠诚度高、收费会员数量多的欧洲部分国家及日本试营销后，计划将服务扩大到全球。

它还将在 2016 年进入印度市场。亚马逊似乎认为，必须从多个国家获得更加丰富多样的内容才能在视频平台竞争中占据优势。

Twitch TV 登陆韩国

Twitch TV 是像 Afreeca TV 一样的直播平台，但主要内容是游戏。截至 2016 年 6 月，全球市场上共有 12 000 个合作公司的游戏项目在这个平台上直播。在与韩国国内游戏企业建立合作关系后，Twitch TV 于 2015 年末踏入韩国市场。Twitch TV 的全球观众月均突破 1 亿人次。

Twitch TV 拥有的粉丝数量是每月 2000 万人、每天 60 万~70 万名的 Afreeca TV 的 5 倍以上。因为 Afreeca TV 的内容中 60%~70% 是游戏，所以有人担心一旦拥有如此众多粉丝的 Twitch TV 登陆韩国，会不会立即蚕食 Afreeca TV 目前的市场。

现在，Twitch TV 主要直播的游戏包括从《英雄联盟》《Dota2》《反恐精英：全球攻势》《守望先锋》《炉石传说》等在线游戏，到 Xbox、PS4 等视频游戏，种类众多。很多海外游戏秀或电竞直播也在这里播出。

亚马逊之所以在 2014 年收购 Twitch TV，是因为看中了全球游戏迷在占据流媒体流量时所发挥的潜力。

截至 2016 年 6 月，Twitch TV 在美国网络视频行业的占有率高达 43.6%，平均一个月的访问量就达到 4500 万。单月有 170 多万名主播，直播量超过 600 万次。粉丝平均每天观看 106 分钟的直播，月观看时间加在一起超过 120 亿分钟。手机 APP 下载量超过 3800 万人次。

在 Twitch TV 上直播节目的主播被称为 "streamer" 或 "broadcaster"。在 Afreeca TV，必须成为人气主播才能进行高清直播,但在 Twitch TV,任何人都可以进行高清直播。当主播在考虑使用什么样的直播平台时,能否实现高清直播就显得尤为重要,因为视频的画质也是获得观众选择的重要因素。

Twitch TV 在 2015 年《华尔街日报》公布的美国国内互联网流量排名中仅次于奈飞、谷歌和苹果,位居第四,就是因为高清内容带来的大量数据流量。

Twitch TV 的主播们使用的主要语言是英语。不管怎么说,其受众是全世界的游戏迷,所以使用英语是大势所趋。Twitch TV 上也有不少用英语直播的韩国主播,如果能说英语,使用 Twitch TV 面向世界游戏迷也是个不错的选择。这里说个小插曲,曾活跃在游戏界的职业玩家朴泰民(音译)为了能在 Twitch TV 上直播游戏学了一年的英语,在开播的过程中他自然而然地成为英语高手。

在 Twitch TV 深受主播欢迎的因素中,不得不提的是其多样化的盈利模式。它的收益是从广告、订阅费和打赏的形式中产生的。其中,有一种订阅方式是粉丝每月向主播打赏一定金额,支付这笔金额的人可以在聊天窗口使用特殊头像观看直播。因此,当付费观众出现时,主播能够立刻识别并表示欢迎。这样,付费粉丝就会有种被优待的感觉。这种相互关系使这种盈利模式变得十分稳定。除了订阅费之外,粉丝还能通过 PayPal 向正在直播的主播支付任何金额的费用。

Imaqtpie 是 Twitch TV 上比较成功的主播。2015 年 11 月，他通过游戏直播赚了 1.4 万美元左右，其中仅广告收入就为 1.2 万美元，订阅费为 2100 美元。这个账号平均每小时有 15 264 人观看，有着非常高的人气。

综合以上内容我们可以得出，亚马逊针对奈飞等 OTT 运营商和 YouTube、Facebook 等视频平台而推出了视频直播服务；针对谷歌旗下的 YouTube 游戏、U-Stream 等直播平台而收购了 Twitch TV。

亚马逊作为一个平台运营商，正在构建一个更大的蓝图。业内人士应该持续密切关注亚马逊今后将如何实现自己的目标。

韩国个人直播平台的未来之路

Afreeca TV——参与全球化平台竞争

说起韩国国内的数字内容平台，不得不提 Afreeca TV。Afreeca TV 的前身 Nowcom 成立于 1994 年，是运营 PC 通信服务 Nownuri 的公司。此后，Afreeca TV 从内容分发网络到游戏服务，开展了多种多样的 IT 服务并不断壮大。

Nowcom 在 2011 年 11 月将代表理事变更为徐秀吉，他曾担任 Actoz Soft、Wemade 娱乐公司的理事，是游戏业界的巨头，因此外界预测 Nowcom 会发展游戏事业。

徐秀吉注意到了星气球的收益模式，在 2013 年 3 月把公司名称改为了 Afreeca TV。在选择和放弃的考量中，Afreeca TV 放弃了所有不赚钱的业务，甚至出乎外界意料地把曾是摇钱树的游戏业务也全部出售，并将工作重点集中在网络个人播放上。

星气球是观众送给主播的付费道具。这是将最初的 Afreeca

TV 推荐功能——星星和象征粉丝团的气球结合在一起制作的打赏型单品,价格为 100 韩元 1 个。如果观众给主播送星气球,主播们会根据等级给 Afreeca TV 20%~40% 的手续费,剩下的就是自己的收入。从 Afreeca TV 的销售额曲线来看,2011 年到 2015 年的销售额分别为 216 亿韩元、278 亿韩元、339 亿韩元、446 亿韩元、628 亿韩元,每年都呈大幅增长。销售额的增长与主播数量的增长成正比,公司和主播们的收益也一直在持续增长。

韩国的代表性网红大图书馆、Kim Eve、杨叮等都是出身 Afreeca TV 的主播,他们现在也都还在 Afreeca TV 上播放个人节目。虽然网红主播们的个人收益并没有公开,但是从 2015 年 12 月星气球的兑换情况来看,一个月就兑换 1 亿韩元的主播大有人在,还有 100 多位网红主播的月收入达到了 1000 万韩元的水平。

Afreeca TV 每天制作的内容达 12 万个,主播达 30 万名,每天的粉丝超过 60 万名。由此可见,主播的人数在持续增加,这是因为星气球的收益模式取得了成功。

有了通过这种收益模式赚到第一桶金的创作者之后,其他创作者也慢慢增加,视频内容自然而然地也在慢慢增加,当然粉丝也随之增加。星气球的收益结构在更多的良性循环中使 Afreeca TV 在几年间实现了令人瞩目的成长。对千禧一代来说,"主播是一种职业"的认知使 Afreeca TV 获得了很大的动力。想要入驻

Afreeca TV 的主播们依然在不断增加。

虽然多年来一路高歌猛进，但 Afreeca TV 对未来的发展并非没有烦恼，现在的当务之急是构思出能替代星气球的收益来源。从现有平台业务的发展趋势来看，视频内容丰富、付费占比提高，会让每个用户的支出成本和内容运营商的营收增加，但 Afreeca TV 的现况是，视频内容的增多并未让星气球的销售所得成比例地增加。虽然人气主播的人数增加后，星气球的收入也会增加，但即使不购买星气球，也不会对收看主播们的节目造成太大的影响。

因此，我们预计 Afreeca TV 今后会集中力量构建通过广告创造收益的模式。

Afreeca TV 的另一个致命的弱点是，正如前一章中提到的，星气球的过度滥发和煽情刺激内容的传播，使 Afrceca TV 在过去几年里负面话题不断，现在也是各种说法不绝于耳。

Afreeca TV 的竞争对手是 YouTube、Facebook、Twitch TV 等全球化平台。如果要与它们竞争，就必须提高服务质量。虽然内容是创作者或主播们创作的，但平台的运营理念十分重要，因为平台的运营理念将影响创作者和粉丝的质量。

移动个人视频——潘多拉 TV 的 Flup

韩国国内的平台中还有一个媒体值得关注,它就是潘多拉 TV 旗下的名为"Flup"的 APP。Flup 于 2015 年 9 月推出测试版,并于 2016 年 4 月正式发布。如果说 Afreeca TV 是以 PC 平台为主的个人视频平台,那么 Flup 则是彻底以"移动"为重点的个人播放平台。作为注重便利性的服务平台,在打开 APP 后只需点击两次就可以进行直播,并且没有性别、年龄与国家的限制。截至 2016 年 6 月,Flup 的日播次数为 800 次。这里的主播被称为 MJ(mobile jockey),共有 7000 多名。虽然无法与 Afreeca TV 的规模相提并论,但今后能否成长为吸引千禧一代的平台,令人拭目以待。

采用多媒体平台战略

对潘多拉 TV 还有另外一个很重要的期待,就是它能够扮演一个将韩国 MCN 的内容传送到海外平台的角色。从 2016 年开始,潘多拉 TV 就开始与 Chrikus、iKON TV 等中坚 MCN 建立合作关系,并为其提供内容。

在韩国的开放式视频服务领域,潘多拉 TV 虽然不敌 YouTube,但多年来一直积极建立流量分析系统。虽然还不能与 YouTube 媲美,但仍在利用 YouTube 无法提供的服务来实现差异化。其中之一就是向海外介绍韩国流行内容的"韩国 TOP100"。为了统计排名,采用自主开发的流量分析系统,将音乐、娱乐、综艺等按类别选出"韩国人气视频",并将前 100 名的视频上传。

对于各 MCN 机构来说,难免会好奇自己的内容较受哪些年龄段人群的欢迎,以及其他网站都在哪些地区有较高的人气。YouTube 也提供了不同国家、不同年龄段的流量分析工具,但没有提供韩国各网站在哪些地区人气高等内容。除了 YouTube 之外,潘多拉 TV 还在 Facebook、Naver tvcast 等国内外其他平台提供一站式的内容上传和管理。

大家对潘多拉 TV 这种非主流平台的期望值非常高。因为在韩国不仅有 YouTube,可以看视频内容的其他服务平台非常多,尤其是电视视频内容无法在 YouTube 上观看也是消费者分散的原因之一。因此"多平台网络"这个词从 2016 年开始出现在人们的视野里。

以运营商的移动 IPTV 为例。SK Broadband 的"玉米"、KT 的"Olle TV Mobile"、LG U+ 的"U+TV"都提供节目内容、电影和 MCN 内容服务。韩国 SK 集团甚至推出了专门提供 MCN 内容的移动视频服务"Hot Zil"。

这意味着"如果想看网络明星的视频,一定要登录 YouTube"的传统做法被打破,用户可以在其他平台上消费自己想要观看的明星视频。此外,对于 MCN 机构和创作者来说,除了 YouTube 上产生的广告收益外,还可以通过其他平台获得收益,这一点毋庸置疑。

在这种情况下,加上之前提到的原生广告内容和商业策略,或许会加快 MCN 脱离 YouTube 的速度。通过多个平台传播内容,逐渐成为 MCN 必须具备的基本策略。

结束语

旋转寿司店就是 MCN

我在 Makeus 任职时参与了 Dingo 品牌的推出,并看到了很多的内容通过 Dingo 渠道实现了大量输出。在此过程中也目睹了很多根据所谓的"爆款内容公式"而制作的内容被分享了数千、数万、数十万次,占据了大量社交网络服务页面。这不能不说是一次十分刺激的经历。我作为宣传总负责人,不仅广泛宣传了这些成果,使内容的价值最大化,还提高了公司的价值。虽然在那之后我离开了,但是也因此熟悉了制作与传播品质高的内容的方法,并以此为基础慢慢解开了关于业界的谜题,最终写下了本书。

虽然我尽量站在客观的视角,查阅了各种各样的资料,采访了专家后才写下这本书,但在完结后的两个月左右再回头看手稿,突然觉得这难道不是些半吊子经验谈吗?这全是因为我并没有亲自策划和生产内容。

在交稿后的不久,我创办了一家制作新闻型 MCN 内容的公司,并成为一名个人创作者。得益于母公司,我在内容策划、制作、分销方面都得到了很大的帮助,按部就班地推出了一系列的节目,其中最具代表性的节目是《读新闻的女人》。我从 2016 年初开始推出以"读新闻的女人"为标题的文本型新闻服务,最初在 Facebook 上发布时,还只是个人资料库的概念,但是随着该页面的粉丝不断增加,我与粉丝之间的沟通也越来越活跃。很多新闻媒体都邀请我进行采访,之后我成了所谓的"社交红人",而《读新闻的女人》更是如虎添翼。第一篇采访报道我的 iNews24 的记者成相勋和我一起作为《读新闻的女人——IT 篇》的共同主持人出现,书出版后还可以收看《读新闻的女人——经济篇》。

与此同时,包括 OTT 服务在内,还定期制作并发行反映全世界新媒体潮流的视频"Next Media"这一 MCN 内容。Next Media 视频的创作者是以"Media Guy"而闻名的 SK Broadband 的金朝韩(音译)和 ICB 的刘在石。自 2016 年 5 月以来,他们与我一起就中、日、韩,包括美国的 MCN 趋势、新媒体方向进行了几次会议和小组讨论。

本书虽然是以我个人的名义出版的,但上述三位给予了极大的帮助,所以想再次表达我的谢意。对 MCN 和新媒体的思考,不会因为书的出版而结束,我和以上三人将持续通过每月一期的

Facebook 直播，讲述关于新媒体的各种行业故事。另外，我想让观众们看到 MCN 是如何实现商业目的的，我想向大家证明，它不会单纯地被潮流淹没，而会在新的趋势中成为主角。

内容业务的变数多种多样，趋势也是日新月异，因此即使是一年后的趋势也很难预测。从当年 MCN 业务被定义成仅仅是"支持创作者"，但几年内飞速适应了市场的变化，并延伸到广告、媒体、商务领域来看，更是如此。

韩国信息通信产业振兴院的资料显示，截至 2016 年第一季度，韩国的内容行业从业者约为 62 万人。这些人中究竟有多少人懂 MCN？

虽是老生常谈，尽管韩国资源匮乏，为了在不久的将来占据一席之地，我们必须投资内容产业。在瞬息万变的内容产业领域，MCN 还有很多需要跨越的障碍，也有很多需要打破框架的地方。不过，我毫不怀疑 MCN 在未来内容产业中的重要地位，实现价值只是时间的问题，而那个时间并不会太久。无论是做内容、广告、媒体、电商，融合和共享的 MCN 本质都让我确信，MCN 在几乎整个内容商业领域发挥实力的时刻已指日可待。

去旋转寿司店的时候，我曾这样想："旋转寿司店就是 MCN。"

盛着寿司的盘子在不停地绕着转盘转，转台内的厨师们正忙着制作寿司。客人们还没来得及等到他们想要的寿司盘转到自己面前就已经喝醉，甚至有些心急的顾客开始积极点菜："来一盘金枪鱼肚！"

我们再来看看 YouTube。YouTube 相当于寿司店的转台，寿司盘是内容，厨师是创作者或 MCN 运营商。如今，Facebook、Naver tvcast 等众多寿司转台都在等待客人的选择，为请到手艺高超的寿司厨师而绞尽脑汁。

预祝本书的读者都将成为内容行业未来的主角，成为抢手的专家或成功的企业家。

MCN 백만공유 콘텐츠의 비밀 『MCN,The Secret of contents shared a million times』

Copyright © 2016 by LEE EUN YOUNG

All rights reserved.

Translation rights arranged by Kidari Publishing Co.

through May Agency and CA-LINK International LLC.

Simplified Chinese Translation Copyright © 2023 by China Renmin University Press Co., Ltd.

本书中文简体字版由May Agency和凯琳公司授权中国人民大学出版社在全球范围内独家出版发行。未经出版者书面许可，不得以任何方式抄袭、复制或节录本书中的任何部分。

版权所有，侵权必究。

北京阅想时代文化发展有限责任公司为中国人民大学出版社有限公司下属的商业新知事业部，致力于经管类优秀出版物（外版书为主）的策划及出版，主要涉及经济管理、金融、投资理财、心理学、成功励志、生活等出版领域，下设"阅想·商业""阅想·财富""阅想·新知""阅想·心理""阅想·生活"以及"阅想·人文"等多条产品线，致力于为国内商业人士提供涵盖先进、前沿的管理理念和思想的专业类图书和趋势类图书，同时也为满足商业人士的内心诉求，打造一系列提倡心理和生活健康的心理学图书和生活管理类图书。

《百万级 UP 主视频运营实战笔记》

- 知名财经知识区博主老丁是个生意人教你从零开始学做 UP 主，掌握视频运营这门生意背后的逻辑与方法。
- 百万粉丝 UP 主诚意满满和干活满满的视频运营实战书。

《引爆短视频：从孵化到霸屏的营销全攻略》

- 新媒体领域大咖倾心之作。
- 一站式解决短视频应用难点，教你快速吸粉、引流变现，玩赚短视频。